关键对话系列

[美]

约瑟夫·格雷尼
Joseph Grenny

科里·帕特森
Kerry Patterson

戴维·马克斯菲尔德
David Maxfield

罗恩·麦克米兰
Ron McMillan

艾尔·史威茨勒
Al Switzler

|

著

胡蝶 译

关键影响力

创造持久行为变革的领导技能

原书
第3版

CRUCIAL
INFLUENCE

Leadership Skills to
Create Lasting
Behavior Change
3rd Edition

机械工业出版社
CHINA MACHINE PRESS

Joseph Grenny, Kerry Patterson, David Maxfield, Ron McMillan, Al Switzler.
Crucial Influence: Leadership Skills to Create Lasting Behavior Change, 3rd Edition.
ISBN 978-1-265-04965-2

北京市版权局著作权合同登记　图字：01-2024-2560 号。

图书在版编目（CIP）数据

关键影响力：创造持久行为变革的领导技能：原书第 3 版 /（美）约瑟夫·格雷尼（Joseph Grenny）等著；胡蝶译 . -- 北京：机械工业出版社，2025.5. --（关键对话系列）. -- ISBN 978-7-111-78160-8

I. F272.9

中国国家版本馆 CIP 数据核字第 2025CN4503 号

机械工业出版社（北京市百万庄大街 22 号　邮政编码 100037）
策划编辑：刘　静　　　　　　　　　　责任编辑：刘　静　王　芹
责任校对：孙明慧　李可意　景　飞　　责任印制：单爱军
保定市中画美凯印刷有限公司印刷
2025 年 8 月第 1 版第 1 次印刷
130mm × 185mm · 8.75 印张 · 3 插页 · 147 千字
标准书号：ISBN 978-7-111-78160-8
定价：75.00 元

电话服务　　　　　　　　　　　网络服务
客服电话：010-88361066　　　机　工　官　网：www.cmpbook.com
　　　　　010-88379833　　　机　工　官　博：weibo.com/cmp1952
　　　　　010-68326294　　　金　书　网：www.golden-book.com
封底无防伪标均为盗版　　　机工教育服务网：www.cmpedu.com

我们谨以此书

向世界各地的伟大领导者致敬——

他们不仅丰富了

关于人们如何改变的不断增长的知识，

还重燃了希望，激发了行动，

让我们每个人都能扩大自己的影响力，

积极地改变世界。

在这份共同敬意之外，

我们还要特别向一位领导者表达我们的爱与感激。

他就是我们的挚友、合著者与同事，

科里·帕特森（Kerry Patterson，1946—2022），

他毕生致力于改善他人的生活。

因此，我们也将此书

亦即他来之不易的智慧结晶献给他。

|推荐序|

成为战略执行中的影响力大师

在过去的 20 多年里，我始终致力于研究战略这个课题。所以今天，我希望更多地从战略角度，向各位推荐这本《关键影响力》。

战略是面向未来的，而没有人去过未来，战略的制定和执行都需要经历漫长和艰难的探索，过程中更需要彰显整个团队的领导力。如何共启愿景、挑战现状，使众人达成目标、持续探索，这些都是彰显领导力的方面。

战略是起点，领导力则贯穿于整个过程。在企业的发展过程中，我们常常会思考，有些领导者凭什么能够登高一呼，应者云集？又凭什么能够做到"千斤重担众人挑"？答案恰恰在于他们都具备领导力，拥有关键影响力，从而使企业高层"宣讲的战略"能够真正转变为全体员工"行动的战略"。这也是关乎组织能力的一个核心话题。

作为畅销书《关键对话》的姊妹篇，《关键影响力》同样是提升领导力的必读书。将战略转化为全体员工的行动，是战略落地的关键环节。几乎每个组织都有很多错误的行为习惯，只有对组织行为和员工行为不断地进行纠偏或激活，战略升级和组织转型才能开花结果。

很多公司尽管规模庞大，并且拥有成熟完善的流程机制，但依旧会陷入问题反复出现的困境。尤其是在试图让"大象"轻盈起舞时，难度更是陡然倍增，因为原有的惯性往往会成为变革的最大阻力。

如果我们把企业经营视作一场精彩的冰壶比赛，那么影响者就是至关重要的擦冰运动员，他们全力以赴，帮助企业消除战略落地过程中的重重阻力，甚至巧妙地将阻力转化为前行的动力。

如果我们把企业想象成一辆行驶于时代之路的汽车，在充满不确定性的 BANI[⊖]世界中前行，影响者就如同各个部件之间不可或缺的润滑剂，使得企业无论应对加速、转向还是变道，都能够游刃有余。

　⊖　BANI 即 Brittle（脆弱的）、Anxious（焦虑的）、Non-linear（非线性的）和 Incomprehensible（难以理解的）的首字母缩略词。

我创立的凯洛格咨询集团和国际知名机构 Crucial Learning 保持独家合作关系已有超过 10 年之久,我们全体员工都发自内心地认可其倡导的理念与方法论。"人人都会《关键对话》× 人人都具有《关键影响力》= 高活力组织"也成为我们公司自上而下持续践行的管理公式,并构成我们企业文化当中根深蒂固的一部分。

基于 30 多年的深度研究与全面调研,Crucial Learning 团队发现了一个重要结论:几乎所有阻碍绩效提升的因素,最终都可追溯至人的问题。即便再完善的机制,倘若得不到员工的真心认可,不能切实转化为实际行动,终究也只是纸上谈兵。而解决问题与改善结果的关键撬动点在于:员工能否在一些重要时刻,改变一些特定的行为。聚焦于改变这些特定的行为并成功落地,乃是改善组织效能与商业结果的关键所在。

在过去十余年间,凯洛格咨询集团携本书同名课程"关键影响力"多次走进华为、京东、平安、中国海油、可口可乐、沃尔玛、强生、拜耳等国内外"灯塔企业",提升管理者的关键影响力,加速组织行为改变,推动组织变革与战略落地。通过深入研读本书,并结合大量课程交付的经验,我们的教研团队提炼出了三把"金钥匙",

希望能够给各位以启发，助力领导者们提升关键影响力。同时，我们也期望大家在读完本书后能够将其中的理念和方法论付诸实践。

- 金钥匙 1：影响者应以终为始，设定清晰、明确且可衡量的目标，这是迈向成功的第一步。
- 金钥匙 2：影响者应追求事半功倍，聚焦高杠杆行为，而非眉毛胡子一把抓。
- 金钥匙 3：影响者须多管齐下，从单一维度到多维度，全面推动改变落地。

《关键影响力》将为你深入剖析其中的奥秘与策略，引领你探索个人成长与企业发展的新路径。衷心祝愿本书的每一位读者都能够从中受益，成长为各自所在组织中的"关键少数"，成为企业战略落地过程中不可或缺的"影响力大师"！

王成

华成战投董事长、凯洛格咨询集团董事长

法国里昂商学院管理实践教授

CRUCIAL
INFLUENCE

|目 录|

I

第一部分

世界运转的规律与
改变世界的方法

———

CRUCIAL
INFLUENCE

Leadership Skills to Create Lasting
Behavior Change

第一章

领导力即影响力

我们所在意的几乎一切事情中都嵌藏
着对影响力的需求。只要一件事情涉及人，
那它就关乎影响力问题。

　　这绝不是我们做过的最痛苦的研究。想当年刚开
始做影响力研究时，我们曾深入世界各地的危险区域。
而这次的研究之旅，没有致命寄生虫的威胁，没有被
绑架的恐惧，也没有与腐败政客的争论不休。

　　本次研究我们来到"大苹果之城"——纽约市，
去了当地最好的餐厅之一，在那里一边吃着美味的开
胃菜，一边和才华横溢的餐厅老板聊天。这是我们严
格的研究体系的一部分。（这项工作十分艰巨，但必须
有人来做。）它隶属于一个正在进行的项目，该项目旨
在发现杰出的领导者是如何在仔细思考人类的行为后
利用影响力来取得巨大成就的。

当天我们拜访的人是丹尼·迈耶（Danny Meyer）。

在餐厅顾客评论排行榜上，丹尼连续几十年来都稳居榜首，这引起了我们的兴趣与关注。你可能会猜想，他多年以来立于不败之地的原因是雇用了更优秀的员工、设计了更优美的用餐环境、购买了更优质的食材，抑或是制作了更美味的菜肴。但丹尼确信，这些与餐厅的成功几乎没什么关系。他向我们保证，他的竞争对手和

丹尼·迈耶："我的工作是影响1500人，让他们每天为10万名顾客创造非凡体验。"

图片来源：丹尼尔·克里格。

他一样，从同一个劳动力市场雇用员工，从同一家供应商进货，制作同样美味的食物。他认为，联合广场酒店集团（Union Square Hospitality Group）旗下餐厅的特别之处不在于场所与食物，而在于行为。丹尼的与众不同之处在于，他能够影响1500名员工，让他们始终如一地每天为10万名顾客创造非凡体验。

举个例子，丹尼治下有一家位于曼哈顿熨斗区（Flatiron District of Manhattan）的谢来喜酒馆（Gramercy Tavern），此刻一位女士正慌乱地快步走进

这家酒馆的大门。这位前来就餐的顾客很是心烦意乱，因为她把钱包忘在了刚刚乘坐的出租车里。她的脸上顿时血色全无，因为她突然意识到，她没法为所招待的客户支付餐费了。

一名员工（名叫卡洛）注意到了这位顾客面露难色，得知了她的问题之后请她先安心招待，她的客户们已经全部落座，正在等她了。

卡洛还安慰地说道："别担心付钱的事，下次再付也行。现在就请尽情享用吧。您能先告诉我您的手机号码吗？"

卡洛猜想这位慌乱的顾客可能把手机也留在了钱包里，于是便让一位同事反复拨打这位顾客的手机号码。30分钟后，出租车司机终于听到了手机铃声并接了电话，当时他已经在布朗克斯区（Bronx）北边很远的地方了。然后就像超级英雄电影中的场景那样，卡洛在大楼一侧发出召唤蝙蝠侠的信号，召唤那位超级英雄前来帮忙……

好吧，关于蝙蝠侠的那部分不是真的……但卡洛的行为的确让他像超级英雄一样。他做好安排，在谢来喜酒馆和布朗克斯区的中间位置与出租车司机碰面。他自掏腰包支付了司机一点报酬，以弥补因专程送还钱包而造成的不便，然后取回了顾客遗落的钱包，并在她用完餐后把钱包物归原主。当天晚上，顾客就把她心爱的柯基犬改名为"卡洛"。

　　这一事件的引人注目之处不仅仅在于它切实发生过，更在于类似的事情在丹尼经营的每一家餐厅里都经常上演。员工们创造非凡的客户体验，并且不断超越、精益求精。丹尼之所以能从2万名纽约餐厅老板中脱颖而出，靠的就是其对影响力的灵活运用。丹尼手下员工的行为与普通餐厅员工的行为明显不同，因为丹尼的领导具有系统性与意向性，旨在对员工的一言一行产生具体的影响。

　　这就是我们去纽约的原因。我们去学习真正的领导力。

领导力是有意施加的影响力

　　先声明一下，这不是一本关于客户服务的书。同样，这也不是关于犯罪心理学的研究，哪怕后来我们去盐湖城（Salt Lake City），拜访了那个帮助数千名重罪犯幡然悔悟重获新生的人。还有，当我们在探讨为根除疾病、保障病患安全、减少对妇女的暴力行为或让虚拟劳动力发挥作用所做的努力时，我们的主要目的也并非钻研这些话题。

　　本书将致力于寻找所有成功领导者在主观上和客观环境方面的共通之处。我们将探索出一套通用的原则和技能，它们可以帮助你实现只有通过改变人类行为才能实现的目标。本书将对影响力进行研究。

归根结底，领导力是有意施加的影响力。如果在你的领导下人们的行为没有改变，那你就称不上是在领导。

尽管在过去几十年里存在某些说法，但领导力绝不仅仅体现为制定鼓舞人心的愿景或者敢于挑战现状，也无关乎制造出突破性的产品或拟订出周详的业务增长计划。孤身坐在塔楼里的天才独自一人也完全可以做到这些。

领导力关乎动员他人来实现愿景、挑战现状、打造突破性的产品以及完美执行崇高的计划。领导力存在于人与人相互协作以获得成就的过程之中。真正的领导者具备可以反复引导快速、深刻且持久的行为变革的能力，从而产生有价值的结果。

当你看到"影响"这个词时，可能会认为我们所指的是一种并不厉害且令人生疑的工具，即"说服"。但事实并非如此。本书并不会试图通过运用正确的语言技巧来解决问题或达到目的。如果你想通过暗中对他人强加你的意志来达到某个小目标，那么本书并不适合你。眼下"影响力大师"这个术语更多是衡量在网络上受欢迎的程度，而不是衡量引领重要变革的能力。如今，你一打开车门很有可能就会撞上一位自封的"影响力大师"。他们中的某些人可能极其擅长引起关注，但极少有人具备系统运用所有影响力因素的能力，去帮助人们改变根深蒂固的行为进而显著地改善他们的生活。我们发现，影响力问题远不止成为一个"影响力大师"那样简单。为此，我们做出了一个重要决定，将本书第 3 版的书名从《影响力大师》改为《关键影响力》。

本书的目标更高远、更持久，因此需要更强大的工具。本书深入讨论了如何通过改变根深蒂固的习惯来取得更好的结果。本书分享的研究案例遍布世界各地，从加纳的金矿到日内瓦的普通家庭，再到广州的软件团队。

我们将详细研究人们为什么要做他们所做之事，以及如何帮助他们以不同的方式行事。无论你是在试图遏止艾滋病传播还是在启动公司的安全项目，成功的关键都不在于灌输心灵鸡汤、行贿收买或玩转社交媒体。相反，成功依赖于有效利用塑造人类一切行为的关键影响力来源。

影响变革的领导者

举个例子，生产大型复杂软件系统的门罗创新公司（Menlo Innovations）的几个团队连续几年要么没赶上软件交付的最后期限，要么出现了代码错误，对此这家公司的首席执行官里奇·谢里登（Rich Sheridan）开始一丝不苟地研究起问题背后的行为。他的探寻始于一个顿悟："我需要少考虑代码，而多考虑写代码的人。"

谢里登很快得出结论，保持高质量工作的关键在于引导员工践行两种行为：一是遇到困难不要嘴硬不承认；二是赶不及最后期限时要立刻告知。他发现，只要庞大的软件工程师团队能始终如一地践行这两种行为，就能及时、无误地完成工作。

接下来他面临的问题是，如何让几十人甚至几百人来践行这两种行为。

这个问题的挑战在于，一般而言，人们甚至宁愿捐献器官，都不愿意承认自己无能。仅凭简简单单几句话或者一些操纵技巧，是无法让大多数员工在工作场所放弃沉默，转而开口表达自己的意见的。

通过严格执行本书中分享的行为影响策略，谢里登最终改变了他的团队的行为，并顺利解决了门罗创新公司的质量控制问题。

变革需要影响力

谢里登在门罗创新公司取得的成就是其领导力的彰显。他提倡的上述两种行为能够使工作准时完成、不超预算、符合规范。他和他的团队还以此为基础发展出了一种团队文化。他们这样做所运用的影响力原则与丹尼·迈耶激发员工提供一流服务所运用的那些原则是一样的。

在本书中，我们会探讨诸如丹尼和谢里登这样的领导者的影响力策略，他们之所以成功，是因为他们明白领导力是有意施加的影响力。他们以一套系统性的、可重复使用的思维方式去考虑人们为什么要做所做之事，以及如何才能帮助人们做出改变。他们思考、探讨如何影响行为，并付诸实践，他们还在几十年来都以失败为常态的领域内创造出了显著的变化。

尽管目前你可能不在餐厅或软件开发公司工作，但极有可能你遇到的某些棘手问题涉及与人打交道。

或许你想帮助一个刚刚第三次从戒毒所回来的陷入困境的年轻人；或许你正头疼如何减少呼叫中心的人员流动，如何改善政府部门的客户服务，如何提升高中毕业率。更好地应对这些挑战的有效方法之一，就是更充分地发挥影响力。我们所在意的几乎一切事情中都嵌藏着对影响力的需求。只要一件事情涉及人，那它就关乎影响力问题。

为什么我们缺乏影响力

懂得如何激励他人并使其改变自己的行为，可能是你所掌握的最重要的技能之一。鉴于这种技能的重要性，你可能会以为在每一次的庭院烧烤或者办公室聚会上，都能找到一位影响力专家。你可能还会觉得我们会完全沉浸于影响力这个话题，我们的孩子会收集印有世界级领导者照片的影响力卡牌。如果真的如此，我们理应建立起一门独特的语言，打造出一整套模型，掌握着一套专门的技能，帮助他人改变自己的行为，并鼓励他人去创造改变。

当然，这一切都不是真的。我们大多数人都无法用语言确切地表达我们个人的影响力理论，甚至无法意识到作为领导者，我们需要一套影响力理论！这就是为什么没有人记得上一次在工作中所尝试的变革，因为最后除了印有变革名称的 T 恤或马克杯之外，什么都没留下。这并非个别事件。回顾过去 30 年的变革文献，我们发现只有不到八分之一的工作中的变革努力带来了积极成效，其余的都是劳而无功。

日常生活也同样面临挑战。例如，每年我们在瘦身上花费数十亿美元，但收效甚微，瘦的只是我们的钱包。我们着手改变，试图养成精打细算、加强锻炼或者其他良好习惯，但最终往往只有不到 10% 的人会成功。

社会局势也好不到哪里去。从"惩教"系统释放出来的重罪犯中，三分之二的人会在三年内再次接受劳教，他们的行为完全没有得到纠正，反而在犯罪手法上更加精进了。阻止流行病的传播需要人们改变行为习惯，但每年都有数百万人被感染，因为我们并不善于改变习惯。

所有这些未曾实现的梦想和失败的影响力尝试，让我们大多数人都逐渐不耐烦起来。我们会问："为什么人们不做他们应该做的事情，为什么我不能让他们改变？"最终，我们只好像作家大卫·赛德瑞斯（David Sedaris）所说的那样，"我完全不知道如何改变人们，但我手上仍有一长串候选人的名字，万一哪天我弄明白了，我就可以让他们做出改变"[1]。

当然，也存在真正的领导者。

找寻意见领袖

为了加深对影响力以及影响力技能在生活中对我们在意之事所起的核心作用的理解，我们开始对影响力的作用机制进行系统性的研究。这项正在进行的研究从以下三方面入手：文献、领导者和学习者。

文献

正如大多数研究人员所做的那样，我们也从阅读文献开始。我们的研究团队仔细阅读了 17 000 多篇文章和相关书籍，以寻找那些掌握了各种影响力技能的学者和从业者。然后，我们从中确定了那些成功引导了快速、深刻且持久行为变革的人，他们所取得的成就往往被世界上大多数人视为力所不及之事。

领导者

接下来，我们追踪到了这些出类拔萃的人，并仔细审视了他们所做之事。举个例子，我们前往泰国拜访了艾滋病防控专家威瓦特·罗也纳皮塔亚功（Wiwat Rojanapithayakorn），他让 500 多万泰国公民免于感染艾滋病病毒。虽然刚开始他几乎没有什么组织力，但后来他摸索出了一种方法来影响他的 6000 万泰国同胞的行为。在他完成这项工作多年后，我们在曼谷再次见面。晚餐时，他轻描淡写地提到泰国政府要求他在未来五年内完成帮助 900 万人戒烟的任务，就像人们闲聊时说下载了一个新应用程序一样随意。在我们撰写本书时，他正有望提前几年完成任务。最有效率的领导者不会凭运气走向成功，他们发展出了可以重复使用的方法来系统地影响持久的行为变革。

时任泰国艾滋病防控中心主任的威瓦特博士

本书还会讨论其他引导行为变革的杰出领导者，他们包括：

- 玛莎·苏瓦伊（Martha Swai），她是坦桑尼亚的一名意见领袖，通过一个独特的广播节目，帮助该国减少了各地虐待配偶的行为。

- 戴恩·汉考克（Dain Hancock），他是洛克希德·马丁航空公司的总裁，手下有 13 000 名员工，其中不乏遇事刁难、不肯合作之人。但在他的影响下，他们的行为发生了显著变化，最终他们还帮助他落实了一份 1 万亿美元的合同。

- 安塔纳斯·莫库斯（Antanas Mockus），他曾经是一位数学教授，后任哥伦比亚波哥大市市长。

在严重缺水期间，他在几个月内使市民的用水量减少了 40%。

本书第三章会探讨玛莎·苏瓦伊如何用
一个节目改变一个国家

我们还研究了其他著名的领导者，他们有的帮助长期服刑的重罪犯重新成为对社会有贡献的公民，有的使数千人免于因医院的失误而死亡，还有的让数百万人摆脱贫困，这些只是他们取得的众多成就中的一部分。事实证明，这些领导者达成这些成就的方式完全一致。他们所有人都使用了本书即将分享的同样的影响力原则。

学习者

回顾过去来解释成功是一回事，重复创造成功又是另一回事。在本书首次出版以来的几十年里，我们对你即将学习到的影响力技能的价值越来越有信心。我们已经见证了成千上万的家长、主管、经理和高管学习这些技能，并将其付诸实践。以下是一些案例，从中可以窥见他们所引导的快速且显著的行为变革。

- 得克萨斯州休斯敦的艺廊家居店（Gallery Furniture）的老板大大减少了货物交付过程中发生的损坏。
- 电信巨头 MTN 的首席执行官在员工遍布非洲和中东地区的队伍中加强了创新。
- 生物技术公司基因泰克（Genentech）的一位高级经理在决策时让更多的利益相关者参与进来，这样既未造成不必要的延误，又切实改进了决策。
- 山间医疗保健公司（Intermountain Healthcare）的一位主管成功地让一家大型医院的员工将客户服务技能转变为日常习惯。
- HCA 医疗保健服务公司（HCA Healthcare）的人力资源副总裁与技能提升部门副总裁经受住了高离职率的考验，对留住护理人员发挥了积极的作用。

在第二章中，我们会谈到 HCA 医疗保健服务
公司的劳拉格·拉姆斯（Laura Grams）和
丽莎·多伊尔（Lisa Doyle）发现了
那些能够留住并激励护理人员的关键行为

- 线上拍卖及购物网站易贝（eBay）的一位高管让各自为政的团队加强了相互合作。
- 柳溪食品公益分发站（Willow Creek Food Pantry）的一位经理给顾客提供了更安全、压力更小的服务。
- 州立农业保险公司（State Farm）的领导者大大提高了交叉销售的成功率。
- 巴拉圭基金会（Fundación Paraguaya）的领导者帮助数千名穷困的人提高了家庭收入。
- 普华永道（PwC）的一位高管推动了弱势群体

在高级职位上的留任和晋升。

- 很多国际金融理财师（Certified Financial Planners）在经济大衰退期间帮助高风险客户改变了他们的消费习惯。

- 纽蒙特矿业公司（Newmont Mining）的现场管理人员通过提高安全合规性挽救了人们的生命。

- 巴基斯坦警察局长遏止了腐败，并将交通事故死亡人数减少了 60%。

- 速汇金公司（MoneyGram）的人力资源经理让员工明白了应该先尝试在同级层面解决问题，不要一开始就将问题闹大。

- 必胜客（Pizza Hut）的经理改善了团队处理问题的方式，使门店能够对店内过于拥挤、产品事故、顾客不满和设备故障等问题及时快速地做出反应。

- KIPP 学校的领导者将校长留任期从 2.3 年延长到了 4.7 年。

我们将在本书中详细介绍其中的一些案例，但书中会分享的那些想法并非我们专有。我们把这些想法以切实可行且便于操作的方式组合起来，希望这也是对其价值的一分助力。这些想法所包含的智慧是一个世纪以来一群无畏的社会科学家潜心研究的产物，已被无数领导者不断实践和证明。

我们的目标是帮助你认识到，在你扮演的几乎每一个重要角色中，影响力都是一项必不可少的能力。我们相信，你在本书后续内容上投入的学习时间将得到很好的回报，因为你会更深入地理解为什么你在意之人会做他们所做之事，更重要的是，你会更清楚地知道怎样才能帮助他们做出改变。

第二章

影响力的三大关键

当你了解了世界运转的规律
你就能更容易地改变世界。

有效的领导者在三大关键方面比其他人做得更好。这三大关键方面都体现了更有效的发挥影响力的方法。本书旨在向读者展示一种更优的方式，来应对生活中出现的每一个影响力挑战。

在讨论这三大关键之前，你需要认识到每个人都有一套自己的影响力理论。哪怕你不觉得你有，但其实你有！每次你在回答以下两个问题时，你的影响力理论就会出现。这两个问题是：

1. 为什么他们会那样做？

2. 我该如何帮助他们转而这样做？

你避免不了要回答这两个问题。假设你正在高速公路上开车，而你前面的车正以低于限速24千米/小时的速度行驶着。你可能没有意识到这一点，但在踩下刹车与对着那位司机嘟囔"鼓励"的话语之间的几纳秒里，你就已经回答了这个问题："为什么他开得这么慢？"你如何回答这个问题，完全取决于你所持有的一种关于为什么人们会那样做的理论。

当你的配偶迟迟不履行承诺时，当快餐店员工忘记给你打包薯条时，当你的老板不支持你升职时，你都会本能地回答那个以"为什么"开头的问题。

你的影响力理论也决定了你将如何帮助人们转而这样做。我们都有某种影响力偏见，只要人们没有按照我们希望的方式行事，我们就会默认使用某种招数，比如讲理、讨价还价、唠叨、道德绑架、说教。我们先来看看我们所研究过的杰出领导者如何回答这两个问题，以努力改进我们对影响力的认识。要不我们还是把格局再打开一些吧。不要从你想影响的那少数几个人开始谈论，让我们先来谈谈整个世界。本书接下来的部分会展示一种更优的方式，来探讨世界运转的规律以及改变世界的方法。之后，我们再将这些见解应用于上述两个问题。

世界运转的规律与改变世界的方法

我们来看看下面的模型（见图2-1）。从这个模型的左边看到右边，可以更好地帮助我们了解世界运转的规律。左边的表格上写着"影响力的六种来源"。稍后我们会对其进行详细解读，但目前需要指出的是，我们认为有六种不同的影响力因素在左右我们的选择。

图 2-1　关键影响力模型

再往右看，你会看到中间有一个标有"关键行为"的类似滚轮的圆环。这表明，当影响力的六种来源随着时间的推移而保持稳定时，它们会帮助我们做出选择并塑造我们的行为。这些行为最终会产生"结果"（如最右边所示）——既有好的结果，也有坏的结果。

举例来说，假设你在医院工作。出于各种原因（影响力的六种来源），你手下的许多医生和护士都没有养成良好的手部卫生习惯。如果不改变背后的那些原因，那么他们草率的行为就会成为常态（养成不良的卫生习惯）。这些不良的卫生习惯会造成后果（结果），比如造成医院内感染的增加。这就是世界运转的规律（见图 2-2）。

图 2-2　医院手部卫生案例解析

当你了解了世界运转的规律，你就能更容易地改变世界。利用这个模型来改变世界，只需按照模型所示从右到左操作。没错，杰出领导者应对影响力挑战的方式与世界运转的规律在方向上截然相反。他们按照从右到左的顺序使用三种相互依存的技能，即三大关键（见图 2-3）。

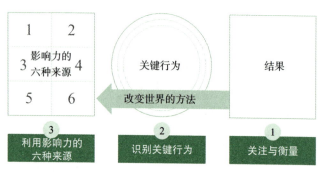

图 2-3　改变世界的方法

首先，关注与衡量。伟大的领导者更善于清楚地阐释他们想要实现的目标，以及如何去衡量目标。

其次，识别关键行为。为了获得事半功倍的改善结果，必须在这些具体行为上做出改变。

最后，利用影响力的六种来源，为改变关键行为助力。

在本章中，我们会帮助你理解为什么这三大关键对有效影响至关重要。我们将详细论述结果和关键行为，而本书的其余部分则旨在通过调动所有六种影响力来源，帮助你更有效地进行思考和采取行动。

第一大关键：关注与衡量

为了阐明影响力的第一大关键，我们去了佐治亚州的亚特兰大与唐纳德·霍普金斯博士（Dr. Donald Hopkins）会面。霍普金斯博士是一名医生，曾任卡特中心（The Carter Center）医疗保健项目的副总裁。他承担了史上最艰巨的影响力挑战之一，这也是我们注意到他的原因。他的目标是在缺乏治愈良药的情况下根除一种可怕的全球性疾病。

为了时刻提醒自己，霍普金斯博士在桌子上放了一个用福尔马林泡着的"敌人"的标本。这个"敌人"要是能直立的话约有 91.44 厘米高，但它没有骨骼系统，是一种蠕虫。更准确地说，是几内亚蠕虫。

帮助感染几内亚蠕虫病的人是一项巨大的挑战。

因为人一旦感染之后，几内亚蠕虫就会肆无忌惮地在其体内游走。从医学上看，没有缓解痛苦的希望。完全没有。没有任何药物、手术或神奇技能缓解这种痛苦。感染了几内亚蠕虫病之后，它的每一次发作都会对人的身体机能造成严重破坏。鉴于医学上几乎毫无办法，霍普金斯博士转向了社会科学。

霍普金斯博士加入到根除几内亚蠕虫病计划时，全球 20 个国家的 23 000 个偏远村庄里，每年有超过 300 万人感染该疾病。这种疾病的起因是村民摄入了过多的不洁饮用水。几内亚蠕虫的幼虫都暗藏在恶臭的池塘里，而这些池塘却被村民视为饮用水水源地。

当几内亚蠕虫的幼虫被人们吞下后，它们会在宿主体内孵化成蠕虫，然后试图通过一切路径比如手臂或者腿，穿透肌肉和皮肤，慢慢地钻出来。你大可以试想一下，它们还能从什么地方钻出来。

蠕虫的这段旅程给宿主造成了巨大的痛苦和折磨，宿主最终会不堪忍受，冲到最近的水源地，带着将要钻出身体的蠕虫一头扎进水里，试图寻找片刻的解脱。此刻，蠕虫会向池塘中喷出成千上万颗虫卵，以保障来年几内亚蠕虫的数量。然后，这个可怕的过程会周而复始，一如数千年来的循环往复。

霍普金斯博士对几内亚蠕虫病十分在意，因为他相信它可以从地球上彻底消失。他平静地告诉我们，

他所要做的就是改变 1000 万平方英里[⊖]大地上 1.2 亿
人口的行为。

如果面对这种情形的人是你，你会如何应对呢？
你手上只有一个 24 人的团队和几百万美元的预算，你
怎么敢设想让数百万陌生人改变呢？

霍普金斯博士（和我们研究过的所有领导者一样）
知道如何思考此类问题，并制定出了可重复使用且行
之有效的策略来解决这些问题。

有效的领导者要做的第一件事就是关注与衡量。
他们能够清楚地阐述试图实现的目标，并且知道目标
模糊会削弱影响力，而清晰、一致、有意义的衡量标
准则是影响力的根基。

霍普金斯博士告诉我们，首先应在发生感染的国
家建立一个上报系统，以获得有关感染程度及预定干
预措施实施进展的准确信息。他指出："衡量不仅仅是
为了追踪结果，也关乎激励行动。"

他带着孩子般的笑容向我们展示了他最喜欢的进
展报告之一。该报告上印有椭圆形赛道图，哪个国家
感染了几内亚蠕虫病，哪个国家领导人的头像就会被
标记在赛道上。他向我们讲述了他与其中一位国家领
导人会面的情景，这位领导人一度对几内亚蠕虫病的
根除工作有所松懈。"我拿出了一堆报告，但他唯一想

　　⊖　1 平方英里 ≈ 2.59 平方千米。

看的是那张赛道图，因为图中显示他的国家的进展远远落后于两个邻国。但那次会面之后，一切都发生了改变。"

有效衡量会引发关注、激发动力并促进学习。效率较低的领导者进行衡量往往只是出于习惯或为了遵守规定。他们衡量的标准也只是沿袭下来的规范或利益相关者的要求。真正的领导者都明白，衡量事物的唯一本质意义是引导行为变革。

要想知道自己是否正以正确的方式衡量正确的事情，你可以问问自己："这种衡量方式如何影响行为？"

在我们多年来研究的成百上千个影响力案例中，绝大多数都是因为在一开始忽视了第一大关键而失败的。失败的领导者在变革早期往往要么未能明确期望的结果，要么存在衡量方面的错误，而这两个错误会削弱他们作为领导者的影响力。

未能明确期望的结果

你可能会认为，如果说人们在试图创造变革时只做对了一件正确的事，那一定是明确他们的目标。毕竟，他们的目标是最初唤起变革需求的呼声。"我们的客户服务真的很差。""我们市中心的孩子需要帮助。""这质量非常一般，我们想要最好的。"

与这些变革呼声相关的目标似乎显而易见。领导者需要改善客户服务，帮助市中心的孩子，以及将质量推向新的高度。这样的变革呼声听起来不错，但太过模糊，无法产生任何影响。"改善客户服务"可以有多种阐释，不一而足；可以解读为在铃声响二次内就接听电话，也可以解读为每消费超过 50 美元就赠送顾客一只仓鼠。

要想了解杰出的领导者如何设定明确和可衡量的目标，我们可以看看美国医疗保健改善研究所（Institute for Healthcare Improvement，IHI）前首席执行官唐·贝里克（Don Berwick）博士近乎传奇的事迹。

IHI 的规模不大，贝里克在价值 4 万亿美元的美国医疗保健行业中的职权也很小，但他仍被称为该领域最具影响力的人之一，同时也是有效利用明确且令人信服的目标的典范。2004 年，他接到一项任务，要减少因医疗失误而造成的人员死亡。

贝里克告诉我们说："我觉得这是无法接受的。全美第六大死亡原因就是医疗失误。一年中每一天我们都在无意间夺走生命，相当于一架大型喷气式飞机满载的人员数量。我们明白这种情况是如何发生的，也知道如何避免。但挑战在于如何影响人们，以阻止这种情况的发生。"

同年 12 月，贝里克站在数千名专业医疗人员面前，提出了一个大胆的挑战，设定了一个明确而有力的目标。他说："我认为，我们应该从医疗失误中拯救 10 万人的生命。我觉得，我们应该在从今天算起的 18 个月内做到这一点。"他顿了一下，接着说道："到 18 个月最后那天的上午 9 点。"

而今，成功"拯救 10 万人的生命"的行动已然载入史册。

贝里克和他的团队是如何完成这样的壮举的呢？从一开始他就有一个明确的目标。他和他的团队不是要"努力减少医疗失误"，也不是"提高安全性"，更不是"尽快"拯救大量生命，而是将在 2006 年 6 月 14 日上午 9 点之前避免 10 万人因医疗失误而失去生命。

这里没有错误阐释的余地。你是在实实在在地拯救生命，而不是简单地改写图表上的数字。你知道准确的数字和确切的时间。本书后文将详细阐述贝里克是如何领导这项行动并最终取得成功的。但若非建立在第一大关键的基础上，贝里克的后续策略都不会对变革起作用。

明确且有意义的目标会对行为产生巨大影响，因为它们不仅仅涉及思维，还与身体相连。研究表明，一个明确而富有挑战性的目标会让人血脉偾张，大脑兴奋，肌肉紧张。然而，当目标非常模糊时，就不会产生这样的影响。[1]

我们亲眼看到了当领导者明确目标后会发生什么。这一次，我们与创始人马丁·伯特（Martin Burt）一起参观了成立于1985年的巴拉圭基金会。最初，他的目标是为巴拉圭的穷人提供信贷，帮助他们摆脱贫困。不幸的是，在花了25年时间努力实现这一目标后，伯特开始担心虽然许多人能获得信贷，但真正摆脱贫困的人实在太少了。

伯特和他的团队重新评估了他们的目标，而后做出了惊人的改变。他们不再关注发放了多少贷款（这是一个不大具有竞争力的目标）。相反，他们宣布从2011年4月开始，"我们的目标是帮助5000个贫困家庭在年底前每人每天能挣到5美元（国家贫困线）或者更多"。

巴拉圭基金会的领导团队在创纪录的时间内达成目标，
得益于及时重新确定了衡量成功的方式

确立了清晰、有力且有时间限制的目标，效果立竿见影。它开启了一系列几乎重塑该组织的行动，改变了人们看待工作的方式，改善了信贷员与客户合作所需的技能，影响了巴拉圭基金会雇员与其客户在后续 8 个月内进行的数百万次对话。最重要的是，2011年 12 月 31 日，当伯特宣布已经有 6000 多个家庭实现了这一目标时，人们感受到了极强的自豪感。这一切都始于一个清晰、有力的目标和一种重要的衡量目标的方式——也就是影响力的第一大关键。

伟大的领导者并非只在开始变革时设想到最终结果。他们会谨慎地将自己的目标制定成一份清晰、有力的结果声明，为团队、组织甚至整个国家注入信念和动力，以使各方能够团结起来一同为伟大事业贡献力量。

衡量方面的错误

衡量方面有三个常见的错误往往会破坏为变革做出的努力。这三个错误包括：没有采取任何衡量措施；衡量太过遥远之事，没有什么激励作用；衡量频次太低，无法引发持续关注。

没有采取任何衡量措施

最明显也是最常见的衡量错误是根本不衡量。人们通常出于以下几个原因而忽略了衡量这一步骤：

- 他们认为自己对所期望的结果已经成竹在胸。但他们的结论是基于传闻性的证据和主观直觉，而非依赖于可靠的衡量标准。
- 他们对影响力一无所知。他们不明白如何引起人们的关注并激发他们的动力。
- 他们在逃避责任——例如，有些商业领袖不愿制定激进的增长目标，因为那样就不得不接受公众的监督；又如，有些戒毒所运营者抗议立法机构要求他们报告有多少付了昂贵费用，长期未复吸的戒毒人员。
- 他们认为采取衡量措施并非当务之急。制定有影响力的衡量措施需要做大量工作。我们听到过无数的借口，比如，"我们太忙了，而且资源有限，没办法投入精力去衡量。"

归根结底，衡量是对动力最真实的考验。如果你不愿意花费精力来考察自己是否取悦了客户、拯救了生命或增加了收入，那么人们凭什么要相信你对目标承诺的诚意呢？不衡量可能意味着缺乏真正的承诺。

衡量太过遥远之事

让我们再回头看看上文曾提及的那家医院，那里的护士和医生由于不良的手部卫生习惯而无意中将细菌到处传播。医院的首席执行官宣布要达成一个令人振奋的目标（结果）：在 12 个月内，我们将实现医院内感染数量为零的可持续纪录。

这一目标明确且令人振奋。但仅衡量感染数量可能不足以激发一线工作者的动力，因为他们会觉得设定的目标与自己相距甚远。你需要衡量一些与他们距离够近的东西，才会让他们觉得自己的行为对达成设定的目标有所帮助。

对某物没有掌控感的人也就不会有与之紧密相连之感。因此，采取一项衡量措施让所有相关人员都觉得自己为达成目标切实做出了贡献，就显得十分重要了。例如，你可以设想一种方法，在医院内部按科室逐一追踪人员的手部卫生合规情况。

我们曾与美国陆军合作，协助他们减少军队内部的性侵事件。我们接手的时候发现，他们唯一的衡量指标是整个军队上报的侵犯事件总数。军队各级领导很少对这些数字感到负有责任，或者觉得自己与之有关联。一位带领几十名士兵的陆军上尉，其麾下可能"受到侵犯的报告"数量为零，但这并不意味着他创造了保障士兵安全的良好环境。

我们敦促陆军领导层制定一项更紧密相关、更可控、更具激励性的衡量措施。我们建议他们找出一个变量，并且这个变量应该既能精准反映侵犯事件数量的减少，又在下级军官的控制范围内。这一重要变量可以包括信念、态度或行为上的变化，并且这些变化可以反映事情是否逐渐走向你所追求的结果。我们鼓励陆军领导层考虑：

- 你可以衡量哪些信念、态度或行为？
- 它们在很大程度上受到直系领导的影响吗？（更紧密相关）
- 它们会明显指向或妨碍你所关心的结果吗？（更具激励性）

仔细考虑之后，陆军领导层决定让上尉以上的每一位军官都负起责任，确保麾下的每一名士兵都对以下两件事情深信不疑：

1. 如果我遭到性侵犯或性骚扰，我可以向上级报告，我也相信事情会得到妥善的调查处理。

2. 如果我有被侵犯或被骚扰的风险，我完全相信我的战友会介入并阻止。

找到一个与你想要影响的人紧密相关的衡量指标，这样他们才会有能力并有动力为达到目标贡献自己的力量。

衡量频次太低

最后，那种富有影响力的衡量措施必须经常使用，这样才能持续引起人们的关注。想象一下，你去参加一场体育赛事，最后只在比赛结束时才公布比分。不仅观众会扭头就走，选手们也很可能会。衡量的目的是保持关注并预告行动。换句话说，它必须把使命放在首位，同时也要向关键参与者反馈他们的影响力策略是否起了作用。

在一个充斥着数据的世界里，只有定期更新结果的衡量指标才会获得关注。从某种意义上说，它们让你正在努力达成的宏大目标变得像一场游戏。一款大获成功的游戏必定让玩家在游戏过程中能够不断得分，进而给人满满的掌控感。

几位从事心脏问题研究的研究人员曾向享有盛名的心理学家阿尔伯特·班杜拉（Albert Bandura）哀叹，表示很少有患者能够坚持服用治疗心脏疾病的药物。班杜拉建议他们给患者提供一个便宜的监护仪，让他们在家就能够每天自行检测两次血压。患者若能亲眼看到坚持服药之后自己的身体状况大为好转，那么他们必然会认真遵循医嘱。这样做既能引起患者的关注，又能得到其行为的反馈。你也应当采取这样的策略。

同样，组织文化变革的尝试之所以寥寥无几，其根本原因在于领导者们往往不愿每年一次或者更频繁地对公司的"软实力"进行衡量，而经理们每周或每月都会得到预算、销售或生产等硬指标的最新动态。

试想一下，如此这般，文化变革能从领导层那里得到多少关注呢？恐怕是零关注！公司的年度报告出来后，想要发起文化变革的领导者可能会有一两周时间陷入自我反省之中，但经理们却满怀信心，因为他们深知未来的关注重点肯定会转移到那些衡量频次更高、更为直观的指标上。

如果一种衡量措施无法持续引起人们的关注，那么它就无法促进行为的改变。尤其当其他衡量措施被频繁实施与讨论，而它却鲜少受到评估时，它就更难以持续引起人们的关注了。

举例来说，如果我们的朋友丹尼·迈耶每天都会盘点餐厅收入，但对客户体验的测评却是一年才做一次，你认为会有什么事情发生？餐厅收入会引起管理层的关注，而客户体验却只是在年度审查中走个过场。丹尼的大多数竞争对手的餐厅就是这么操作的。

领导者们经常抱怨，衡量一场影响力活动所需的精力简直可以赶上再部署一场活动了。这种抱怨恰恰暴露了真正的问题所在。领导者们认为衡量措施与影响力是互不相干的。然而，事实并非如此。衡量本身就是一种影响力。

任何有效的影响力策略都首先要求你对所追求的结果做出清晰而令人信服的表述，并制定一种紧密相关、可控、频繁衡量进展的衡量措施。

第二大关键：识别关键行为

美国每年都有 3000 多人溺水身亡，其中一大部分发生在公共泳池中。基督教青年会（YMCA）和红木保险公司（Redwoods Insurance）的领导团队联手以影响力为切入点，这个遗留了几十年的问题才有所改变。不久之后，游泳池溺亡人数就锐减了三分之二。

那他们是怎么做到的？他们研究了许多事故与获救案例，识别出一种关键（高杠杆）行为。他们发现，传统救生员把大部分时间都花在和人打招呼、调整泳道、收拾浮板和检测水质上。（这些听起来完全不像是救生员该做的事，对吧？）

然而，当救生员以 10-10 的方式扫描泳池内情况时，溺亡事故发生率就会立即下降。10-10 的方式是指：每个救生员每 10 秒扫描一次游泳池，并在 10 秒内为任何可能遇到麻烦的人提供帮助。这种方式虽简单，却产生了难以置信的高杠杆作用。

红木保险公司与世界各地的基督教青年会通力合作，识别并推行了这一关键行为，帮助成百上千个家庭免受亲人离世的毁灭性打击。

如果你正在影响别人，那么他们的行为就应该发生改变。真正的影响力会促生新的行为。我们居然需要不断强调这一点，这听起来似乎有点奇怪，但事实是，许多领导者只是把领导力当作一种能够"改变心智"的迷烟。

是的，要影响人们的行为，你需要影响他们的感受和思考方式。但这些都是达成目标的手段，而非目标本身。你追求的结果是要让一些人去投票、洗手、对顾客真诚地微笑，或者敢于就安全风险发声。你想要的是新的习惯，而不仅仅是新的感觉。

因此，影响力的第二大关键是清楚地表述那些你觉得可能会影响你追求结果的新行为。我们将这些行为称为关键行为。

事实证明，即使是非常复杂的问题，通常也只有一两种行为能够带来最大限度的变化。美国犹他州盐湖城的另岸学院（The Other Side Academy）所带来的显著影响可以作为一个案例。[2]

戴夫·迪罗谢（Dave Durocher）手下的员工可算做世界上最独特的群体之一。作为另岸学院的执行董事，他管理着当地最受尊敬的企业之一。事实上，在2017年，他和同事们凭借对"另岸搬运公司"（Other Side Movers）的领导，获得了著名的"安永年度企业家奖"（Ernst and Young Entrepreneur of the Year）。该公司连续多年被评为犹他州最佳搬运公司。

另岸学院的领导者们识别出两项关键行为，
可以帮助那些生活陷入窘境之人实现深刻的改变

他们取得的成果令人惊讶，因为不仅迪罗谢手下的 200 名员工平均每人被捕过 25 次，而且迪罗谢本人在加入该学院之前也被监禁了 20 多年。就在 10 多年前，警方派出直升机和特警队将他抓获，等待他的是长达 22 年的再次监禁。

经过长时间的申诉后，一名法官告诉他，如果他在一个名为德兰西街（Delancey Street）的项目（另岸学院就是受该项目的启发而成立的）里待满两年，那他就无须继续服刑。迪罗谢后来在那里待了 8 年，逐渐成长为我们见过的最令人印象深刻的领导者之一。

另岸学院是一所为期三到四年、不收学费、自给自足的学校，面向那些陷入绝境之人招生。它的目标是帮助学生实现"改头换面的改变"。目前，学生中有一位名叫蒂芙尼（Tiffany）的女性，她在因一项骇人听闻的罪行而被捕后，听说了另岸学院的存在。她的法官表示，如果她能在该学院里严格按要求完成生活技能的学习，那么她的剩余刑期将被免除。

大约80%的学生选择进入另岸学院，而非继续监禁。要不是选择进入该学院，目前的学生总共得在监狱里服刑1000多年。蒂芙尼的同学中有因在各州流窜抢劫而被捕的男子，有面临着从5年到无期徒刑等多项罪名的帮派成员，等等。

对一家搬运公司来说，这些员工似乎太具有危险性了。但如果你花点时间看看"另岸搬运公司"的在线评论，你会以为人们在描述某个高端水疗中心的服务。成百上千的五星好评都在赞扬另岸学院的学生善良、正直、高效和敬业。

尽管另岸学院的学生常常来自敌对帮派，但学生之间却从未发生过暴力行为。在政府官员询问附近居民是否担心大量重罪犯涌入所在社区时，所有55名公开发表评论的人都认为他们是优秀、善良的好公民，对他们赞不绝口。

迪罗谢如何经营世界一流的企业，才能每年都有数百万美元的资金来资助那些在大多数人看来是社会边缘人的学生呢？另岸学院成功的关键是对两种关键行为的持续关注。

迪罗谢说:"我们的问题从来不在于我们犯错,而在于随着时间的推移,我们变成了骗子、小偷、撒谎精、操纵者和自恋狂。我们要么从未拥有,要么早已失去了正直、负责任、有怜悯心等必备的品格。而这些正是我们在另岸学院里所关注的。我们甚至不谈犯错。我们只是帮助学生在生活中学会两种惯常做法:百分之二百地负责与人人为师。"

街头流浪和监狱生活让人觉得你应该会帮他人打掩护,绝不"告发"任何人。但在另岸学院里,"百分之二百地负责"意味着每个人不仅要对自己的行为负责(第一个百分之百),还要对群体里其他人的行为负责(第二个百分之百)。这种道德规范得到了异常严格的遵守,近年来,警察部门甚至派出警员向这些前罪犯学习对同伴负责的责任意识。[3]

"人人为师"意味着你不再过以前那种以自我为中心的生活,而是要对同伴的成长和成功负责。一旦你学会了某些知识,你就有责任把它们教给你的兄弟姐妹。整个学院由同伴自主管理,没有任何"专业"的外部人员。各项业务,包括屡获殊荣的精品店、仓储业务、建筑公司和搬家公司,都是由年长的同伴经营管理,并在市场、销售、运营、物流等方方面面给予年轻同伴意见和建议。

尽管另岸学院在商业方面取得了令人瞩目的成功，但赢利并非他们的使命。他们的使命是创造深刻而持久的改变。事实表明，上述惯常做法对达成他们追求的结果做出了重大贡献。在进入该学院之前，每位学生都有不止一次被逮捕的记录。而对比发现，另岸学院三年制毕业生中有高达 92% 的人没有再犯罪，并在之后的 3 ～ 5 年拥有了安稳的工作。

另岸学院成功的关键就在于，明确了想要培养的关键行为，这也是在发挥影响力方面所做的努力能够起作用的关键所在。在面临异常复杂的问题时，影响力的第二大关键告诉我们，要识别出对达成我们追求的结果影响最大的那一两个关键行为。

那么，如果这些惯常做法并不显而易见，怎么才能发现它们呢？最高效的方法就是研究一种被称为"积极偏差"的现象。

像意见领袖一样行事

一位银行高管曾夸耀说，她已经识别出了赢得龙舟比赛的关键行为。她所在的银行在龙舟比赛中赞助了一支穿越过坦帕湾（Tampa Bay）的队伍。她认为的关键行为是什么呢？就是击鼓，划桨。这位高管说话时笑了起来，但她的神情却不像在开玩笑。她说："在比赛进行到一半时，选手们开始争论策略和战术，然后不知道是谁喊了一句，'闭上嘴，划桨吧！'那一刻你就赢了比赛！"通常来说，那些显而易见但未被充分利用的惯常做法往往十分关键。

通过研究积极偏差识别关键行为

有时你想要影响的行为是显而易见的。你希望同事们能为会议做好准备，你希望患者出院后能正确服药，或者你希望主题公园的游客能把垃圾扔进垃圾桶。你需要的行为一目了然。但正如我们在另岸学院的案例中所讨论的那样，你知道自己追求的结果，但不确定什么行为会产生最大的影响。此时，你应该寻求积极偏差。

积极偏差是指某个人或某个群体本应暴露出你试图解决的问题，却没有出现。换句话说就是，他们向积极的方向偏离了常态。

例如，新冠疫情给所有行业，尤其是医疗保健行业带去了十分严峻的挑战。与美国大多数医院一样，HCA 医疗保健服务公司的护理人员流失率居高不下。一些医院每年都会流失 40% ～ 50% 的熟练护士。与此同时，合同工的收入却高得令人咂舌，通常是护士目前收入的两倍，这就导致了整个行业不可持续的高价竞争。HCA 医疗保健服务公司首席人力资源官詹妮弗·贝雷斯（Jennifer Berres）认为，当下的问题不仅仅关乎经济待遇。她猜想，是否可以通过领导者塑造和影响员工的工作体验来改善如今的局面。

贝雷斯请求她的两位上司丽莎·多伊尔和劳拉格·拉姆斯，从寻找积极偏差入手。他们在公司系统内寻找满足一定条件的医院或部门，条件是它们与其他医院或部门一样受到市场条件和人才竞争的影响，但护理人员的流失率更低。他们找到了一些。他们发现，尽管这些医院或部门的规模相当，也同样处在竞争异常激烈的劳动力市场中，但其护理人员流失率却比同行低 60% ～ 70%。

接下来，他们仔细观察这些医院或部门与众不同的做法，识别出了关键行为——与苦苦挣扎的同行相比，它们的领导者的行为模式别具一格。他们的发现罗列如下。

关键行为　领导者会隔三岔五地做一些事情让护理人员明白：

1. 领导层关心他们。

2. 需要时他们完全可以得到帮助。

3. 他们有职业成长的机会。

将发挥影响力的努力集中在推行上述行为之后，他们发现医院系统内 28 个一流部门中有 26 个的护理人员流失率急剧下降了。

唐纳德·霍普金斯博士用同样的方法找到了一个可以根除可怕的几内亚蠕虫病的关键行为。虽然霍普金斯团队研究的大多数村庄每年都会发生感染，但他们偶尔也会发现某个村庄的村民虽然同样从被污染的池塘取水，却极少受到感染。他们跟随村民来到池塘边，很快就明白了原因。原来，高感染地区的村民带着一个葫芦或水桶，从池塘里装满被污染的水，然后返回村庄直接使用。

相比之下，那些不循常规的村民则会带两个葫芦到池塘去装水。他们先用一块布盖住一个葫芦的葫芦口，然后用另一个葫芦浸入池塘取水，再把水倒进盖着布的葫芦——此时，第一个关键行为出现了！

有效的领导者都明白，发挥影响力其实就是引导行为变革。他们会通过明确识别一两个关键行为来为自己的成功铺路，这些关键行为如果能得到持续践行，就会引发一连串的改变。

第三大关键：利用影响力的六种来源

影响力的第三大关键也是最后一个关键在于找到一种方法让人们践行新的关键行为。你已经明确了你想要什么，你也知道需要什么样的行为才能达成目标，现在你必须让人们真正做到这一点。那么你要怎么做呢？

正如前文所述，每个人都有自己的影响力理论。你为影响他人而想出的每一个方法都是基于这个理论形成的。问题是，我们的大多数理论都以某一种影响力来源为基础。我们一般会采取一种激励或惩罚措施来影响他人，然而在现实情况中，人们的动力以及践行关键行为的能力通常是在多种影响力因素的共同作用下形成的。

我们已经构建了一个可以决定人类行为的影响力的六种来源模型。如果你想扩大自己的影响力，你需要学会系统性地看待问题。每当想到某个影响他人的方法时，你都要问问自己："这个方法使用了哪种影响力来源？"这样做会确保你将所有可能的影响力来源都纳入考虑范围。

这一点极其重要，因为有效的领导者为成功创造了多重有利条件。换句话说，伟大的领导者善于运用所有六种影响力来源来促进变革。

有效的领导者之所以能在我们大多数人会失败的地方取得成功，是因为他们为成功创造了多重有利条件。

低效的领导者则相反：他们对变革的决心不足。他们只专注于一种影响力来源，提出一个方法，然后将其付诸实践。在看不到实质性的改变时，他们要么放弃，要么转而尝试考虑另一种影响力来源。这相当于请六位壮汉帮你推一辆熄火的汽车，但一次只让一个人上。

如果六种影响力来源真的会左右我们的选择，而你只改变了其中一种，那就意味着其他五种依然支持着旧有的行为模式。我们的研究表明，学会识别和运用所有六种影响力来源的领导者其效率不仅会逐步提高，而且会呈指数级增长。当你下定决心去改变时，你就必然能看到快速、深刻且持久的行为变革。[4]

让我们先来快速浏览一下影响力的六种来源。本书后续部分会再做详细研究，并探讨如何运用它们来应对你所面临的影响力挑战。

第一种来源：个人动力

我们将从个人动力开始讨论，它是人们在领导力实践中最常涉及的一种影响力来源。当看到别人一再重复做错误的事情，而不去做正确的事情时，你要问：他们觉得做错误的事情令人愉快还是意义重大？在大多数情况下，尤其是与根深蒂固的行为有关时，个人动力这种影响力来源就是推动和维持变革的重要因素。

我们再回头看看唐纳德·霍普金斯博士根除几内亚蠕虫病的案例。一旦他的团队确定了一种可以防止蠕虫病传播的关键行为（在饮用之前先过滤水），他们就需要对村民们施加影响，让村民们按照要求切实采取行动。他们运用了所有六种影响力来源来达成这一目标。

举例来说，霍普金斯博士知道，村民们不会去过滤水，除非他们有想要达成的目标。（比如，我想保护我的孩子免受感染！）因此，后文会讲到，霍普金斯博士设计了发挥影响力的方法，让村民们都明白，过滤水就等同于保护孩子。

第二种来源：个人能力

当然，动力并不能决定一切。在试图理解为什么别人不做他们应该做的事情时，你要问：他们能做到吗？喜欢做某事并不意味着就能做到某事。他们需要具备践行每一项关键行为所需的技能、天赋和理解力，否则注定失败。

例如，过滤水时很容易操作不当。比如用来过滤的布织得太疏松，或者用布的一面过滤一个葫芦里的水，然后反过来用另一面过滤另一个葫芦里的水，又或者布没有完全盖住葫芦口，那么，蠕虫的幼虫都有可能过滤不彻底。因此技能很重要。让村民们在完全掌握了过滤技能的同村村民的监督下上手操作，这对根除几内亚蠕虫病产生了极大的影响。

第三种来源：社会动力

接下来，在审视影响力的社会层面时，你要问：其他人是否鼓励他们做出错误的行为？

尽管对村民来说过滤水有巨大的隐性好处，但除非有德高望重之人先去做，否则很少有人会这样做。因为没有人愿意看起来像个不合群的人。霍普金斯博士不仅想到了这个层面，还想好了让谁来做第一个吃螃蟹的人。他选择了村里的正式领导者和其他颇具影响力的村民来帮忙传达他的想法、实施他提倡的行为。

第四种来源：社会能力

其他人不仅是动力来源，还可以促进关键行为的践行。为了研究这一重要的影响力来源，你要问：其他人会帮助他们吗？他们会因此做到吗？霍普金斯博士安排朋友为村民示范、纠正，甚至在需要时借出备用滤布，这样，村民们才更有可能养成过滤水的新习惯。

第五种来源：结构动力

即使是同时考虑个人和社会因素的领导者，也往往会忽视"事情"在鼓励和促进关键行为的践行方面所起的作用。要了解这个来源，你要问：他们做了这件事情会得到奖励，还是不做这件事情会受到惩罚？

霍普金斯博士经常给实施新行为的人一点象征性的奖励，以此促进改变，如要么发一件 T 恤，要么发一袋大米，这些都有助于人们尝试一种让他们感到不自在的新行为。

第六种来源：结构能力

最后，我们所处的物理环境和虚拟环境，以及我们的工作和社会系统的结构，可能会促进或阻碍表现。要探究这个来源，你要问：他们所处的环境能否给予支持？

例如，霍普金斯博士和他的团队鼓励村庄的领导者用栅栏将池塘围起来，只留几个出入口。这样的话，专家们就能更容易地观察村民取水的情况，以确保每个村民都养成过滤水的好习惯。

以上所述就是影响力的三大关键。无论你是在根除疾病还是改善客户服务，这三大关键都是所有有效影响力策略的基础。它们不是把戏，也不是噱头。它们不是时尚，也不是"最新潮流"。它们不是速效药。但是，它们一起构成了一条可以习得的成功之路。它们是能够引领变革的科学之法。

第二部分

影响力的六种来源

CRUCIAL
INFLUENCE

Leadership Skills to Create Lasting
Behavior Change

我们大多数人都存在影响力偏见，却从未意识到这一点。我们都有某种偏好的影响力来源，在试图帮助他人改变时我们会不自觉地依赖它。扩大影响力最快的方法之一是知道如何找到你的影响力偏见，然后拓宽你在影响力来源上的选择范围。

举例来说，假设你是某个医疗保健公司的首席执行官。你有一个新型人工智能系统，可以帮助医生更好地诊断和治疗病人。但麻烦的是，自从你宣布必须使用该系统以来，总共只有 12% 的医生使用这一系统。有些医生还公开表示不满。说什么的都有，有的说这是"用食谱代替医学"，有的说"这样的医疗保健简直毫无人性"。面对如此困局，你会怎么做？

请仔细思考后再回答。因为你回答这个问题的方式会反映出你的影响力偏见。你会援引结果来说服他们吗？你会在道德上据理力争吗？你会加大培训力度，抑或给予激励吗？上述每一种方式都代表了不同的影响力类别。我们大多数人都有自己偏好的影响力类别。但问题在于我们的偏好会削弱我们的影响力，它会诱使我们要求别人只对我们所运用的单一影响力来源做出反应，而不是对造就不同影响力类别的众多影响力来源做出反应。

然而，人们往往倾向于在单一来源的影响力策略上押注。如果你去问那些企业领导者是如何让员工从只想按时下班转变为积极主动寻找客户的，他们会告诉你是通过一个新的培训计划，也正是这个计划让迪士尼乐园成为人人都爱的娱乐天堂。培训可以算是一个起点，但涉及创建服务文化时，一门培训课程远远不够。如果你去问那些政客，他们是如何使无家可归的人数减少的，他们会告诉你，政府正在修建大批人们负担得起的小房子。他们希望通过解决住房问题（这就是单一的影响力来源）解决无家可归的问题。但是，如果帮助无家可归之人这件事还受其他因素影响，那么单靠解决住房问题则不太可能产生太大的影响。

我们所有人都渴望能快速解决复杂问题。一句振聋发聩的话就能让人负起责任；一个如魔法般的方案就能摆脱婚姻困境；一门两小时的课程就能让你公司的企业文化从急于求成转变为志存高远。

但正如 H. L. 门肯（H. L. Mencken）所说，"人类的每个问题都有一个众所周知的解决办法，这个办法非常简单，看似合理，却大错特错"[1]。

如果你想要改变的行为只有一种影响力来源，那么改变该来源就足以改善结果。然而，当你面对经年累月形成且已积重难返的习惯时，你通常受到多种甚至所有六种影响力来源的影响。如果是六种来源共同导致了某个坏习惯，但你只改变了其中一种，那你预测一下会有什么结果？

如果你的回答是"没有任何变化"，那就对了。这个问题并不难，只需进行简单的数学运算就可以知道只改变一种是没有用的。

本书后续将深入探讨影响力的六种来源。要了解这些来源是如何相互作用的，你首先需要知道我们为什么要以现在这种方式对它们进行分类。

动力与能力

几乎所有影响人类行为的力量都作用于以下两种驱动因素之一：动力与能力。在一日将尽时，人们会问两个问题："这值得吗？"与"我能做吗？"。

第一个问题就是简单地询问"我有动力吗？"，第二个问题则在追问"我有能力吗？"。动力与能力构成了影响力的六种来源模型的两个维度。我们的研究表明，大多数领导者倾向于只关注模型的一个维度，很少关注另一个。他们往往过分强调推动变革所需的动力，而严重低估了能力在其中发挥的重要作用。

例如，一个朋友想要改变饮食习惯，向你寻求建议。他愁眉苦脸地说道："医生告诉我每天摄入大约2000卡路里的热量，但昨天我吃了5286卡路里的食物。睡觉前我还在酒店房间里吃完了一整桶本杰瑞牌

（Ben & Jerry's）冰激凌。我为什么一直停不下来啊？"

你会如何回答你朋友的问题？为什么他摄入的热量已经超出那么多了却还想一直吃下去呢？

一些典型回答包括，"本杰瑞牌冰激凌太好吃了""你压力太大了""你自制力不够强"，或者粉丝们最喜欢的那句话"你是用丰盛的食物来填满你空虚的内心"。无论你的回答是什么，先问问自己，你觉得这是动力问题还是能力问题？

如果你和大多数人一样，那你就会默认这是动力问题。

你如何回答"为什么他们会那样做？"这个问题，将会作用于你如何进行影响力变革。如果你只是简单地回答说要"更加努力"，那么你的影响力理论可能如图 P2-1 所示。

图 P2-1　个人动力

我们曾询问世界各地成千上万的领导者："人们为什么要做他们所做之事？"只有不到 1% 的人这样回

答："也许他们缺乏某些技能。"

影响力的六种来源这一理论成效最显著的用途之一就是让你养成一种好习惯，在决定改变行为时全盘考虑，审视每一种来源。

每当你琢磨一个人行为背后的原因时，记得看看模型的两个纬度，先问"动力是如何发挥作用的？"，然后追问"能力又起了哪种作用？"。这种思维方式会让你的影响力显著增强。

个人、社会和结构的影响力

行为是由动力和能力驱动的，这些驱动因素又可以分为以下三种类型：个人因素、社会因素与结构因素（见图 P2-2）。

第一行的"个人"着眼于个人内部，想要弄清楚是什么激励了人们，并使他们能够按照自己的方式行事。第二行的"社会"着眼于人们周围的所有人，试图考察他人如何影响人们的动力和能力。第三行的"结构"着眼于非人类的影响（如经济、物理空间、政策和程序）如何激励并促进行为改变。

在分析想要改变的行为背后的本质原因时，如果能把每种来源都纳入考量，最终会如何，我们来看看下面的例子。

	动力	能力
个人	**1** 做这件事令人愉快还是意义重大？	**2** 他们能做到吗？
社会	**3** 他们是受到鼓励才这样做的吗？	**4** 他们会因为受到帮助而有能力这样做吗？
结构	**5** 他们做了会得到奖励，不做会受到惩罚吗？	**6** 他们所处的环境（包括物理环境与虚拟环境）能促成这件事吗？

图 P2-2　影响力的六种来源的诊断问题

一天晚上9点30分，本书的作者之一接到了一个电话。来电话这事并不奇怪，奇怪的是来电的居然是警察。警察厉声说道："我们与你13岁的儿子布莱恩在警察局。他和他的朋友向行驶中的汽车扔了很多灌满水的气球。"

这位父亲开着车行驶在黑夜里，对那淘气的儿子很是生气。他的影响力理论简单明了：布莱恩这样做是因为他年少冲动，不尊重他人。这纯粹是动力问题，这位父亲正好也有应对办法——让警察把他监禁到18岁。

幸好去警察局的车程有些漫长。这位父亲冷静下来之后，开始更加仔细地斟酌这个问题。我们来看看在考虑每一种影响力来源时，他是如何让自己的判断逐渐完善起来的（见图 P2-3）。

	动力	能力
个人	对一个13岁的孩子来说，没有什么比熟练地击打一个移动的物体更令人愉快的了 他只有13岁；女司机的感受根本不在他的考虑范围内	7年的青少年棒球联盟生涯让他为这一刻做好了准备 他还不会考虑复杂的后果
社会	他有四个互相怂恿的同谋 他认为能打中一辆行驶中的汽车会让他在同伴中地位超群	其他人帮他灌满水，还找到一个隐蔽之处
结构	气球很便宜 当时冒冒险似乎也没有任何不好	夜色正浓。手边正好有工具。家里也没什么人管着他

图 P2-3 应用于扔水气球的影响力的六种来源诊断

当这位父亲把车开进警察局时，他的心情已经发生了变化。走进警察局大门后，他不仅想通了，觉得儿子的做法虽然不对但完全可以理解，还对如何影响孩子使其发生变化有了更多、更具启发性的想法。他对之后要如何行事也有了多种考虑。

你如何解读别人的行为，决定了你对其行为的感受。当你对行为的诊断更加全面时，你的感受也会变得更加细腻。

本书接下来的章节会具体阐释以下三个方面的问题：

1. 影响力的六种来源的力量。当你逐渐意识到每一种影响力来源的威力时，你就会明白忽视其中任何一种都是非常危险的。

2. 运用每种影响力来源的可能性。当我们向你讲述世界各地的领导者如何运用每一种影响力来源时，我们希望你能意识到这些影响力来源是如何相互作用的。

3. 运用所有影响力的六种来源，希望能促成真正的改变。本书传达的终极信息是，以更有目的性的方式去思考我们所做过的最重要的事情，即影响人类行为，这是完全可能实现的。

"按单点菜"也可以

如果你从某一章节中学到某个观点，并且决定在不参照影响力的六种来源的情况下将其付诸实践，也没关系。大多数时候，你只是想说服某人参加一个会议，完全没必要运用影响力的六种来源模型进行全面的诊断。

对于那些相对而言更简单的影响力挑战，可以随意使用"按单点菜"的做法，看看某一种影响力来源是如何起作用的。你无须时刻考虑运用所有六种影响力来源去引发改变。但如果简单的方式行不通，那么就得运用完整的模型来诊断原因，并找出继续努力的方向，这样才会获得更大的成功。

第三章

助人热爱所憎之物

第一种来源：个人动力

人们对任何行为的感受几乎都是可以改变的。
优秀的领导者会使用四种强大的重塑策略，
帮助人们热爱自己可能讨厌的事情。

	动力	能力
个人	**助人热爱所憎之物**	助人做力有不逮之事
社会	提供鼓励	提供帮助
结构	带有关爱地奖励	改变环境

我们将首先考察第一种来源——个人动力的相关策略，以此开始对影响力的六种来源的探索。这种重要的影响力来源回答了这个问题：该关键行为本质上是令人愉快的还是意义重大的？抑或是令人痛苦的？

领导者面临的第一个问题在于，好的行为往往让人感受不佳，而不好的行为却让人感觉良好。以本书前面提到的可怕的几内亚蠕虫病为例，300多万人正因新出现的蠕虫病而遭受极大的痛苦，他们试图将感染蠕虫病的四肢浸泡在水中，这样能够立刻缓解痛苦。但为了根除这种疾病，领导者却让他们不要这么做。你怎么可能指望说服别人去做如此痛苦且难以做到的事情呢？

不仅仅是根除几内亚蠕虫病需要人们去做他们不喜欢做的事情。回想一下就知道，我们面临的绝大多数棘手的影响力问题或者那些未能达成的目标常常让人望而生畏，因为坏事很有趣，而好事则不然。

举例来说，医护人员没办法始终保持用正确的方式洗手，这就导致了每年有数以万计的人因此在医院去世。为什么会这样？部分原因是那样洗手太无聊了。另外，一天洗87次手也可能让人非常痛苦。同样，纽约餐馆老板丹尼·迈耶也必须找到一种方法，让数千名员工乐于竭尽全力为那些有时不守规矩甚至脾气暴躁的顾客服务。

你能帮助别人使他们愿意做一些他们现在不愿意做的事情吗？你能帮助别人学会热爱他们现在讨厌的东西吗？

在另岸学院的星期二下午

现在是星期二下午 3 点 17 分。杰西卡正端着食物去探望几个感觉不舒服的同学[⊖]。一般情况下，杰西卡只负责财务方面的事务，但烹饪服务团队人手不足，于是请她帮忙。在安排好自己的工作后，她来到学院，小心翼翼地把食物送到生病学生的宿舍里。

杰西卡诧异于自己的步速如此之快。她已然忘记上次走得这么急是什么时候了。从九岁起，她就刻意养成了随意的走路习惯。她为自己"我可以 / 你不行"的生活态度感到非常自豪，哪怕这种态度让她的大部分少年时光都在监狱里度过，让她在酒吧里与人起冲突后犯下过失杀人罪。没有人告诉过她该做什么，没有任何人给过她建议。

那为什么杰西卡现在走得这么快呢？ 19 个月前，

⊖　为了保护隐私，杰西卡和其他一些学生的故事均为综合案例，它们融合了来自另岸学院和德兰西街基金会多名学生的亲身经历和背景故事。

她免于第三次服刑，而是进入了另岸学院。每个学期杰西卡都会参加学院的毕业典礼。典礼隆重而盛大，熙熙攘攘的大厅里挤满了学生，他们由衷地祝贺彼此取得进步。前两次因为自己有所作为而受到表彰时，杰西卡只是低头盯着地板，竭力忽视他们对她的褒奖。她心想：谁会在乎我现在知道如何布置餐桌呢？这真像是一场毫无意义的游戏，我才不参与！在掌声逐渐平息后，杰西卡走回座位，内心无动于衷。

但在上周的毕业典礼上，他们谈及杰西卡的普通教育发展文凭（GED）和她晋升为领导的事。杰西卡看着正在大声感慨她一路走来取得了多大成绩的戴夫·迪罗谢，不经意间听进去了他说的话，虽然只听了一秒钟。随后阵阵掌声响起。她环顾四周，发现了亲如家人的伙伴们那殷切的注视。她立即收回目光，垂头看着地板。当走回座位时，她觉得腿脚发软。"我不知道为什么会这样，"她喃喃自语，"可能只是饿了吧。"于是她吃了一块糖果。

当杰西卡冲向宿舍时，她又低下头，只不过这次她看的是自己的腿。双腿行走得如此之快，就好像它们有自己的想法。然后她把手放到脸颊上，有湿润的触感。"我才不会这样。这到底是怎么了？"杰西卡泪流满面。

让令人痛苦的事变得令人愉快

那么，在这个转变发生的温情时刻，杰西卡究竟怎么了？用她自己的话来说，她在那一刻意识到自己体会到了一种前所未有的情绪。她因为完成了一件事而由衷地高兴。她在工作中找到了乐趣。更好的是，她学会了在乎。她说道："我想了一下午，终于意识到我哭是因为我在乎。我在乎我能给亲如家人的同学拿食物。我真的非常在乎。"

看到杰西卡找到了一种从她以前不喜欢的东西中获得快乐的方法，你能从中学到什么呢？例如，为了让你儿子享受到做家务的乐趣，你有什么神奇方法吗？同样的神奇方法能帮助团队心甘情愿地接受将错误率降低到百万分之三点四以下的挑战吗？你能用杰西卡的神奇方法，让吃小胡萝卜变得像大口吃下一个巧克力奶油派一样令人愉快吗？

人们会在所有活动中学习获得快乐的方法，即使这些活动本身并不令人愉快。

社会心理学家乔纳森·海特（Jonathan Haidt）直言不讳地指出："一种欲望或行为可能是自然的，但这并不意味着它是……不可改变的……从不刷牙也很自然。然而，我们教会自己去做不那么自然的事情。人性的另一个特征，也是让我们更人性化的特征在于我们有能力做让自己不那么舒服的事情，我们能够超越并改变自身的天性。"[1]

我们把这一论点进一步扩展一下。人们不仅能够想办法做到让自己不舒服的事情，还找到了方法去享受那些本质上不太令人愉快的活动。在不同的人眼中，在医院里以正确的方式洗手可能令人乏味，也可能令人感觉神圣。按时完成任务可能是官僚主义的作风，也可能是正直的表现。给婴儿换尿布既可以是一件令人讨厌的家务，也可以是一个珍贵的时刻。问题是，你如何帮助人们在践行关键行为时能够感受到享受和愉悦？

改变认知框架，就能改变感受

令人庆幸的是，人们几乎可以改变对任何行为的感受。例如，巧克力的诱惑并非难以抵抗，做俯卧撑也并非必然痛苦。信不信由你，有些人非常享受和孙子孙女们重复玩同一种游戏、跑到筋疲力尽、修剪草坪或者校对技术手册。为什么呢？原因不在于活动性质对他们来说有什么不一样，而在于他们对活动的体验大相径庭。他们的感受各异，因为他们对这些行为的看法不同。

你把一项活动放进什么样的道德认知框架里，反映了你会如何回答"这意味着什么？"这个问题。

举个例子，城市里的繁华地段有一家颇受欢迎的汉堡店，假设你是这家生意繁忙的汉堡店的经理。你手下有一个名叫卢的员工，他不喜欢为顾客服务。你反复提醒他，指导他，甚至恳求他，要问候顾客，要彻底清洁台面，要以多种方式改善顾客体验。

今天，你从院子里的用餐区看过去发现了五张脏桌子，然后你的目光落在卢身上，他坐在一张桌子旁一边大口吃着薯条，一边发着短信。此时你会怎么做？好好想一想，如果要求你只用一句话来影响卢，那么你会说什么？

现在，我们来讨论一下你要说什么。你运用了什么样的影响力策略？如果你和大多数人一样，那么你的话应该充斥着唠叨、指责乃至震慑。一般说来，当面对像卢身上这样的问题时，我们会自动假设他完全缺乏动力，因为他根本不喜欢这项工作。然后在压根没有意识到的时候，我们心理上的第二次骤变就已然发生。我们会继而认为他没有动力是因为某种道德缺陷。

这听起来可能很刺耳，但还是请你仔细思考一下。当医生不以正确的方式洗手时，我们可能会觉得："他只图自己方便，不关心患者的安全！"同样，当卢没有尽力为顾客服务时，我们会得出结论："他只是懒。"

这种将他人最恶劣的行为归咎于某种潜在道德缺陷的倾向非常普遍，心理学家将其命名为：基本归因错误。

避免基本归因错误

基本归因错误是指，相信人们做自己所做之事仅仅是因为他们喜欢，如"为什么那个笨蛋要超我的车抢道？因为他就是自私自利，觉得这条路是他的"。每当别人给我们带来不便或痛苦时，我们自然而然就会怀疑他们存有私心和恶意。

最优秀的领导者不会认为别人走歪门邪道是因为他们道德上有缺陷，只会觉得那是他们对这种行为缺乏理解或对其后果缺乏认识造成的。问题不是这些人没有能力关心他人，而只是他们在那个特定的时刻没有为他人着想。

换言之，在治疗下一个病人之前忘了洗手的医生可能并不是对病人的安全漠不关心。也许只是因为那个时候他们没有想到会有细菌污染和感染风险。当时他们可能在考虑如何治疗下一个病人，也可能在思索如何安慰病人家属。

所以，如果卢的问题不是因为他在道德上有缺陷，而是因为他的道德还在沉睡，那么你能做些什么来唤醒它呢？在这个关键时刻，他可以以更好的方式为顾客服务（而不仅仅是做苦力），那么你要如何为这个关键时刻注入道德意义呢？现在先卖个关子。稍后，我们还会再次讨论卢（以及行为不端的青少年布莱恩）的问题，一起探索如何将这一关键时刻转化为影响力时刻。

帮助他人重塑行为

优秀的领导者都明白，影响人们重塑关键行为既容易又重要。他们会使用四种强大的重塑策略来帮助人们学会热爱他们可能讨厌的东西：

1. 允许选择。
2. 创造直接体验。
3. 讲有意义的故事。
4. 把它变成一场游戏。

策略1：允许选择

允许选择是首要策略，因为它是影响个人动力的其他所有方法的基点。正如研究组织与企业的学者彼得·布洛克（Peter Block）所说："如果我们不能说'不'，那么说'是'就没有任何意义。"

如果人们没有拒绝的权利，那么永远不要奢望得到他们的承诺。一旦人们把关键行为解读为"必须做"而不是"想要做"，他们就会心生抗拒，而不是全身心投入。

当别人故意做出不当行为时，我们的自然反应是唠叨、指责或震慑。"卢！赶紧回去工作！"

我们都曾这样做过。可能你那长大成人的孩子每次参加家庭活动时都是很晚才露面。每一次，当他很晚才进门时，你都会说："你早该来了！"次次都是如此。

我们想影响他人，但往往会激起其逆反心理，而不能激发其主动意愿。

最厉害的领导者以影响力思维应对逆反心理。他们的首要目标是确保实施关键行为是出于个人的意愿。

新墨西哥大学（University of New Mexico）心理学家威廉·米勒（William Miller）博士的研究充分证明了这种方法的有效性。

利用提问的影响力

米勒博士在其漫长的职业生涯中一直埋首研究如何才能影响瘾君子，也就是那些沉溺于某些习惯的人，这些习惯会导致自我毁灭，但也会给他们带来某种即时满足。上瘾可谓是一个"坏事让人感觉良好而好事让人感觉痛苦"的终极例子。

你能做些什么来影响一个在其自己的世界里如此行事的人呢？大多数瘾君子经年累月地面对来自朋友和家人的善意说教、指责与震慑。外界那些自认为已经穷尽办法的人其实往往早已放弃了他们，还得出结论，认为上瘾的人就是不想改变。那么在激励此类似乎没有动力改变的人时，米勒博士有何收获？

他发现，人们常常把矛盾心理误认为是冷漠。大多数瘾君子内心既有戒除的动力，也有继续沉溺的动力。而我们尝试的大多数影响力策略（唠叨、说教等）往往只会让他们更加沉溺其中。

米勒博士提出的改变这种恶性循环的影响力策略，就是他所谓的励志访谈。

威廉·米勒发现了领导者如何才能
更有成效地帮助想要改变之人

在提出这一策略之前，米勒博士研究了像演电视般的"干预"方法所带来的后果。当时的主流理论是，亲人团结一致精心策划之后，与瘾君子对峙，这样会迫使他们直面自己的心魔。但事实上并不会。相反，在一项研究中，他发现这种对峙实际上反而会让酗酒的人越发放肆。

要求人们改变，常常不会真的带来改变。因此，米勒博士开始探索别的方法。几十年后，他的发现已被视为影响他人的黄金标准，时刻影响着别人与酗酒、暴饮暴食、赌博、高风险性行为以及其他数十种无法自拔的坏习惯做斗争。

励志访谈用同理心代替评判，用提问代替说教，旨在帮助人们建立联系，并致力于利用已有的动力来戒除他们的坏习惯。

这种策略经常在另岸学院中使用。例如，已经在该学院待了三天的拉乌尔（Raoul）对他的团队领导迭戈（Diego）说自己要离开了。拉乌尔说："我真的做不到，我只想放弃。"迭戈的回应可能是直接发出威胁："你一走出去，我立马就给成人缓刑与假释处（Adult Probation and Parole）打电话，那你就会被判 10 年监禁。"迭戈也可能会试图唤起拉乌尔的耻辱心，说："所以你还想像刚进学院时那样做个彻底的失败者吗？"

这两种方法都假定拉乌尔是麻木不仁的。但迭戈采取了更好的办法。他明白拉乌尔心里有想要改变的动力，他要做的只是帮助拉乌尔找到这种动力。

迭戈："我知道你想放弃。我曾经也那样过。但那真的是你想要的吗？"

拉乌尔："不是的。我以为我能做到，但我就是做不到。"

迭戈："是的，一开始都很艰难。听起来你希望自己能做到。对吧？"

拉乌尔:"当然。这就是我到另岸学院来的原因。但我可能还没有准备好。"

迭戈:"你为什么来这里?再给我说说。"

拉乌尔:"因为我不希望我的孩子有一个像我这样失败的爸爸。"

迭戈:"当时你到学院来,你有多么迫切地想达成你的目标?请用 1 到 10 来衡量。"

拉乌尔:"10。绝对是 10。"

此时,拉乌尔开始低头啜泣。他并非麻木不仁。他非常矛盾。他既有改变的理由,也有戒除的理由。通过用励志访谈代替说教,迭戈再次激发拉乌尔的动力,让拉乌尔走上了选择留下来的道路。

在励志访谈中,朋友或顾问会帮助当事人梳理出他认为最重要的价值观以及践行这些价值观可能需要做出的改变,然后他会得出自己的结论。朋友或顾问只需提出发人深省的问题,然后在他回答时仔细倾听,他就会自己发现应该要怎么做。然后,在自己的愿望和信念的推动下,当事人就会选择做出必要的改变。

聪明的领导者也是如此。当面临潜在的抵抗时,他们会探索人们已经拥有的动力,并与之建立联系,因为这些动力可以帮助人们主动选择改变。

让我们来看一个将励志访谈应用到商业上面的例子。

现任洛克希德·马丁航空公司(Lockheed Martin

Aeronautics）总裁的拉尔夫·希思（Ralph Heath）曾接到一个任务，要在 18 个月内将第五代战斗机 F-22 从设想变为实物。要做到这一点，他必须与 4500 名工程师和技术人员打交道，并改变他们对搞发明这件事的看法。希思必须说服他们，结果比想法更重要（工程师们不太买账），工程设计需要向生产低头（工程师们更难以接受了）。

所以希思没有提出硬性要求，他只是聆听。他花了几周时间与各个级别的员工交谈，试图了解他们的需求、挫折和愿望。最终，他以尊重交谈对象的需求、担忧和目标的方式制定并发布了指令。

希思的影响力不是来自于直面问题，而是来自于倾听员工的意见，然后用他们的方式实施所必需的行为改变。希思并非简单地发号施令，而是帮助人们发现自己真正想要的东西，以及它们与公司目标的关系。与此同时，制造 F-22 的任务也开始有了飞速进展。

改变认知框架

意愿的改变是不能强迫的，只能主动选择改变。当人们能够按照自己的意愿行动时，他们将能够做出巨大的牺牲。成为一个有影响力的领导者，只需帮助人们找到他们践行关键行为的理由。

佳腾医疗器械公司（Guidant）的首席执行官金

杰·格雷厄姆（Ginger Graham）在一次危机中对此有了深刻体会。在推出一种新型心血管支架后，公司的销售额大幅飙升。但几乎在一夜之间，好事变成了坏事，因为对支架的需求远远超出了公司的供应能力。而这一切都发生在假期临近之时。

要在新生产线投入使用之前满足供应需求，就需要每天三组工人轮班，并且一周连续工作七天。格雷厄姆本可以直接发布命令，要求员工履行自己的义务，但她知道这肯定是行不通的。在员工本该休息的时候，强迫他们按照这种妨碍家庭团聚的时间表去上班，这并不公平。而且，这样做可能会激起怨恨，反而对生产力有损害。

所以格雷厄姆采取的策略是请求帮助。在一次全公司大会上，她对为取得现有辉煌成就所做的工作大加赞赏。她朗读了一些医生的故事，说他们使用支架挽救了患者的生命，让患者免于做搭桥手术。她分享了一些销售数据，这些数据清楚地显示，如果供应量无法实现大幅增加，很多需求就不能被满足。然后她提出了一个请求。她说："我们有机会（为患者和我们自己）做一些在行业历史上前所未有的事情。我们有义务直面挑战。如果你们能主动迎接挑战，那么我们也会竭尽所能在这段困难时期为你们提供生活上的支持。"她给出了一个新的认知框架，也因此催生了更高层次的个人动力。

半小时内，员工们列出了管理层可以帮助他们轻松度过假期的所有事情，包括购买和包装礼物、提供晚班车、准备比萨，等等。

最终，产量创下了新纪录，每一位有需要的患者都及时用上了支架。

总销售额在一个季度内几乎增长了两倍。员工们获得了丰厚的奖金。但更重要的是，亲历过这段时期的员工感觉自己好像参与了一件意义重大的事情，完成了某种道德使命。

当你用个人选择替代强制执行时，你甚至有可能影响最易上瘾和根深蒂固的行为。你将获得人类最强的动力之一，即坚定决心的力量。

事实上，人们可能喜欢实施那些原本看起来令人讨厌的行为。但前提是允许他们拥有在心理上自由选择的权利。

策略 2：创造直接体验

不要挡在人们自己选择的路上，要让他们亲身体验，这样他们才会认识、感受和相信他们的选择所带来的长期影响。这是最有效的方法。

举个例子，医疗保健安全专家唐·贝里克博士曾在哈佛大学为世界大型医院系统的首席执行官举办过

一次研讨会。与会者名单可谓是患者安全方面的名人
录。这些领导者一边小口喝着咖啡，一边记着笔记，
研讨会的氛围十分轻松愉快。他们在学习如何改善整
体医疗保健体验，如何根除代价极大的医疗失误。尽
管这是一次智力飨宴，但贝里克博士知道这种有启发
性的讲座形式并不会对任何人产生影响，他早就司空
见惯了。与会者回去之后会说他们度过了一段愉快的
时光，然后通过电子邮件把记的笔记发送给管理团队，
除此之外，不会发生任何实质性的改变。

唐·贝里克博士邀请高管们直接体验医疗失误带来的
后果的严重性，以此消除他们的抗拒心理

　　贝里克博士告诉我们说："后来我想到了一个主
意。我脱口而出，'你们下个月来参加研讨会之前，要
先去找到一个在你们医院里因医疗失误而受伤的病人。
然后你们要去调查他的受伤情况。不要指派别人去做。

你们必须自己弄明白事情的始末，然后回来做汇报'。"

当时，贝里克博士并不确定会发生什么。首席执行官们会完成任务吗？他们的报告会有图表或数据作支撑吗？这项任务会唤醒他们的热情吗？

后来他的回答掷地有声："简直难以置信！我绝对没想到会发生这种情况，那些穿着西装三件套的顶级高管们，一个接一个地在汇报时止不住地哽咽和抽泣。他们如实讲述曾对自己的医院系统抱有的幻想，也承认现在已经意识到自己是多么容易犯错。"

由于这一痛苦且深刻的亲身经历，这些领导者中的许多人不仅成为患者安全方面的卫士，而且在他们后续的职业生涯中一直坚定地扮演着卫士的角色。

这是怎么回事？贝里克博士指出，这些领导者的问题并非源于道德缺陷。他们自己也充当着母亲或父亲、兄弟姐妹的角色，他们也都有能力关心他人疾苦。然而，他们身处的医疗保健行业将他们隔绝开了，不再能感受到由员工当下的不当行为给他人带来的苦痛。痛苦、折磨和困顿已经变成了冰冷的数字、统计数据和图表。对他们来说，患者安全只是一个"符合规范"的问题，并非一件道德要事。

贝里克博士相信，如果让高级领导者直接体验医疗失误给患者带来的后果的严重性，那么他们肯定会真正在意的。事实也的确如此。

激发个人动力最有效的策略就是创造直接体验。无论我们走到哪里，我们都能发现，领导者们设计出巧妙的方法，帮助人们认识到自我选择的后果，从而让他们对更好的新行为产生不同的感受。

像意见领袖一样行事

美国运通公司（American Express）的丹·舒尔曼（Dan Schulman）在正式启动向不太富裕的客户提供更多金融服务的业务之前，首先让执行团队直接体验了一次"没有银行账户的人的生活"。在一整天的时间里，执行团队试图像那些没有银行账户或信用卡的人一样，用他们的方法来处理正常的金融交易。在危险地区排队兑现支票、寻找零售店用现金支付水电费、汇款等经历，让他们立即产生了同理心和为新客户群体服务的道德责任感。团队体验回来时带着更强的动力和能力，成功地推出了一条新产品线，为以前未曾纳入目标范围的客户提供服务。

让人们"试试看"

人们倾向于抵制新行为，因为他们非常清楚自己会因为改变而失去什么，但不确定自己会得到什么。

当变化发生时，人们往往高估他们所失去的，而低估他们所获得的。再多的加油打气也无法像亲身体验那样迅速地消除恐惧。

另岸学院的戴夫·迪罗谢每天都在面对这种变化带来的恐惧。他的工作是要求新生做一些对他们而言痛苦、无聊或者两者兼具的事情。

例如，那些新进学院的、终身都在犯罪的人不知道守法的生活是什么样的。他们可能会觉得那种生活与他们现在的生活别无二致，也就是快乐降维，一边打扫厕所，一边放弃违法带来的刺激感或兴奋劲。他们想象不了加薪、买房或守法生活带来的任何其他形式的快乐。

迪罗谢可以花很多时间讲授学院的愿景。他可能会说："相信我，你会喜欢这里的。等你毕业时，你已经有高中文凭了。你能够读书识字。你听过音乐会，参观过博物馆。你已经掌握了三种不同的行业技能，并且涉足过十几种其他行业。你将会结交一批新朋友。现在，你只需在这里签名，同意入校。"

好吧。

这些话很难说服别人。对听到这些话的罪犯而言，迪罗谢描述的活动和目标没有任何可以参照的认知框架，他还要求他们立即做出牺牲（退出帮派，交出自由）来实现这些目标。

这行不通。这不可能行得通。

迪罗谢意识到，新生们还需要一段时间才能亲身体验到新生活的好处。"我们的每个学生离开时都至少有高中同等学力。但刚开始的时候，他们都讨厌学习时还必须遵守纪律。进校后，学生们讨厌一切以前没有做过的事情。但这也无可厚非，因为他们以前真的几乎什么事都没做过！"

因此，迪罗谢放缓了推进的步伐，他只是要求学生们尝试着学习一门课，听一听歌剧，指导另一个学生，诸如此类。经验让他明白，如果学生尝试新的行为，最终他们即便不是全部喜欢，也会喜欢上其中很多。

迪罗谢始终坚持这个策略，只是让学生简单地尝试一些事情，直到每个人都有像杰西卡那样的转变——突然意识到自己开始很在意那些曾经不理解或不关心的事情。

迪罗谢说，这种情况几乎发生在另岸学院的每个人身上。他们变成了自己以前几乎从未遇见过的那种人。他们关心他人，从成就中获得满足感。通过让他们进行小而简单的直接体验，迪罗谢帮助他们完成了转变。

像意见领袖一样行事

工作不会很有趣，对吧？这就是为什么人们

称之为工作。许多年轻人并不指望自己会喜欢工作，但一旦工作过后，他们很快就会改变看法。

本书的一位作者及其家人在犹他州帕克城与几个上高中的侄子侄女一起消夏。夏天的帕克城十分有趣，有很多徒步旅行和骑行的活动，但是要想参加也得付出代价。为了上山去玩，这些年轻人不得不每周工作 40 小时——他们要作为志愿者，为受伤的兽医和残疾儿童提供帮助。他们经常做的一件事就是固定攀爬绳索的一端，让另一端受伤的兽医可以借助绳索攀援。

多数高中生一想到要从事这种志愿工作就会产生抗拒心理。然而第一周刚结束，他们就又迫不及待地想开始工作。他们看到了自己所带来的积极影响，他们喜欢这种满足感。

策略 3：讲有意义的故事

为人们创造直接体验的困难在于，很难为所有你需要影响的人都创造出这种体验。在不消耗过多时间和资源的情况下，有没有什么办法能达到类似直接体验的效果呢？

校园里的蛇：间接体验的力量

为了回答这个重要的问题，我们去拜访了阿尔伯特·班杜拉博士，他是本书后续会探讨的许多影响力原理背后的首席理论家。班杜拉在影响力研究方面的一个重要贡献是，他曾在20世纪70年代仔细研究了患有恐惧症的人，并取得了突破性的成果。他的真知灼见让后人学会了如何与那些没有动力甚至是惊恐至极的人打交道。

在班杜拉进入恐惧症研究领域的当年，常规治疗方法是花上几年时间进行心理治疗。当时公认的理论是，恐惧症源于一些关键的童年经历，摆脱恐惧症的唯一途径就是在记忆里重现并解决那些问题。但班杜拉博士持不同观点。他没有挖掘过去，而是采取了更为直接的方法，即在当下创造直接体验。

阿尔伯特·班杜拉博士展示了间接体验和直接体验（接触他们最害怕的事物）如何帮助人们摆脱恐惧症

班杜拉在《帕洛阿尔托新闻报》(*Palo Alto News*)上刊登了一则广告,欢迎那些对蛇有着恐惧心理的人到心理学系的地下实验室接受治疗。成百上千人自愿进行治疗,他们都因对蛇的极度恐惧而受尽折磨。大多数人晚上都会做噩梦,还有很多人只能足不出户。他们迫切地需要帮助。

和其他杰出领导者一样,班杜拉一开始就明确了他想要实现的结果以及如何衡量。他认为,当受试者的腿上搭着一条约2米长的红尾蟒蛇时,受试者还能安稳地坐着,那就算治疗成功了。这个目标足够明确了吧?

刚开始,没有一个受试者愿意与用玻璃器皿罩着的蛇共处一室。班杜拉对目标的描述也让一些人几近昏厥。

班杜拉反对任何催促或胁迫受试者的行为。相反,他提供了选择,允许受试者根据自己的意愿自由决定。如果想退出,他们就可以退出。如果他们想要一个更简单的任务,那他就设计一个。他们在任何时候都是自主自由的。

班杜拉的治疗过程从间接体验入手。他让受试者先旁观一名研究助理如何与一条蛇相处。他请受试者站在房门口观看,如果受试者仍感觉过于为难的话,也可以站在玻璃屏后面观看。研究助理走进放有蛇的房间，看了一眼之后就挪开玻璃容器，开始抚摸蟒蛇，接着又把蟒蛇拿起来，放在自己的腿上。

在受试者观看了别人与蛇的相处后，班杜拉博士再请他们进行直接体验。最开始，班杜拉只要求他们走进房间。此时，一些受试者提出需要防护装备，如曲棍球守门员的手套、棒球捕手的护胸器和面具，等等。

受试者进入房间后，站在封闭的玻璃器皿旁边。努力了好几次之后，他们终于能够取下玻璃盖子，然后迅速离开房间。他们没有受到任何伤害。几次之后，他们终于敢碰一碰蛇了。然后他们可以不戴手套去摸蛇了，就这样不断进步。最终，受试者可以独自坐在房间里，腿上搭着一条约 2 米长的蟒蛇。

真正的奇迹是：整个过程只花了 3 小时！

那些因恐惧而受了大半辈子折磨的人仅花了一个上午的时间就完全被治愈了。终其一生他们都不再会对蛇感到恐惧。

一旦对蛇感到恐惧的受试者亲自与蛇进行了积极的互动，他们就不会再退缩了，这也永远提高了他们的生活质量。

用班杜拉博士自己的话来说："看到受试者从恐惧症中解脱出来时如释重负的模样，我们也感到非常意外。他们不再害怕蛇了，他们似乎可以全力拥抱自己的生活了。此外,他们相信自己完全有能力做出改变。既然他们能够克服对蛇的恐惧,那么现在他们也可以克服任何其他困难。"

故事的影响力

另一种创造间接体验的方式是讲故事。这种强大的影响力工具适用于所有领导者,而且不需要任何资源,只需花费很少的时间。

尽管推动变革显然不是讲故事就能达成的,但如果与其他影响力来源结合使用,讲故事就会变成领导者必备的一种重要工具。

在整个行为学研究史上,最令人信服的实地实验完全验证了这一点。1993 年,玛莎·苏瓦伊只讲述了一个故事,就改变了整个国家的行为。

苏瓦伊是坦桑尼亚广播电台的节目经理人。她想要改变坦桑尼亚人民的行为,以增强家庭凝聚力、改善妇女福祉、减少艾滋病感染。电视在坦桑尼亚并不普及,因此作为一家广播电台的节目经理人,她每晚都能将自己的声音送到数百万人的耳朵中。

苏瓦伊聘请了她能找到的最好的剧作家创作了一个故事《与时代同行》,这个故事是关于她想要影响的关键行为以及忽视这些行为会带来的后果的。

苏瓦伊的担子并不轻,因为她试图影响的那些人对男性应该如何与女性相处、艾滋病的病因和治疗方法有着根深蒂固的错误观念。比如说，许多人认为，男性可以通过与处女发生性关系来治愈艾滋病。

在这部广播剧准备开播的时候，灾难降临了。官僚问题导致坦桑尼亚广播电台无法在坦桑尼亚中部的多多马（Dodoma）地区进行转播。不过，这个节目遇到的阻碍反而成了社会科学方面的财富，这一点我们稍后再来探讨。

1993年，广播剧《与时代同行》强劲推出。为了展现感染艾滋病病毒的始末，创作者们塑造了一个炫耀张扬、大男子主义、极具争议的卡车司机穆卡瓦具（Mkwaju）的形象。他虐待妻子，只想要儿子，酗酒，一路上随意与妓女发生无保护措施的性行为，还大肆吹嘘自己的出轨行为。他的妻子图图（Tutu）可谓是独立女性的典范，最终选择离他而去，并将自己的小生意做得风生水起。

在几个月的时间里，花心的穆卡瓦具（最终死于艾滋病）对听众来说已经不再是一个虚构的角色。给他配音的演员去当地的菜市场时，认出他声音的女人都纷纷向他扔烂菜叶子！

为了亲身体会这种情感上和行为上的影响，我们采访了坦桑尼亚首都郊外的几个听众群。其中一个是个大家庭，有父亲、母亲、祖母、姑姑和五个成年子女，他们都认真关注着穆卡瓦具那些出格的举动，也因此受到了巨大影响。当我们问起这个节目给他们带来了什么样的影响时，这个大家庭里的父亲解释说，起初他很欣赏穆卡瓦具，但随着时间的推移，他意识到，这位卡车司机的行为给他的妻子图图和孩子们都带来了痛苦。

有一天，当听见温柔的图图被酗酒的丈夫伤害时，这位父亲突然想到，自己的妻子也曾遭受过类似的对待。尽管这位入了迷的听众不是卡车司机，但他同样酗酒。从某种程度上来说，他就是穆卡瓦具。

从那一刻开始，这位父亲不再酗酒，也不再虐待家人。这种自我反省通过一个虚构的广播剧得以实现，这看起来似乎令人难以理解，但当这位父亲彻底转变之后，家里的每个人都点头表示强烈认同。他是真的变了。

类似的访谈也不断证明了，《与时代同行》不仅仅是讲故事，它还创造了一种深刻可信的间接体验。它不仅仅激起了人们的情绪，更改变了人们的想法。它带来了持久的变化，改变了人们在做出选择时进行的道德上的权衡。

但证明了玛莎·苏瓦伊的工作成效的远远不止采访。《与时代同行》无意间成为历史上第一个有对照组的全国性实地实验。前文提到，多多马地区无法收听这一广播节目，因此研究人员得以进行有对照的细致研究。

著名社会科学家埃弗里特·罗杰斯（Everett Rogers）与阿尔温德·辛格尔（Arvind Singhal）发现，在该广播节目覆盖的地区有四分之一的人都极大地改变了自己的行为，以避免感染艾滋病病毒，而未覆盖的地区则没有发生类似的变化。由于该节目的影响过于显著，两年后对照实验不得不停止，以便让每个人都能受到这个节目的影响和干预。而后一年内，终于能收听到该节目的多多马地区也出现了类似的积极结果。相比之下，《与时代同行》的听众更有可能去寻求婚姻咨询，更积极地实行计划生育，对配偶更忠诚，更愿意做好保护措施。

讲故事不仅仅适用于电视和广播。我们一次又一次地看到，领导者通过讲故事让人们意识到他们正在做出的重大抉择，这些故事不仅令人信服、发人深省，也让人们的行为更容易理解。无论是医疗保健行业、IT 行业、金融服务业、制造业还是电信业，能够在组织中有效建立使命感的领导者总是那些善于讲故事的人。

以联合广场酒店集团为例，丹尼·迈耶在集团中训练领导者利用讲故事将餐饮服务转变为员工的使命。有一天，在昔客堡（Shake Shack）汉堡店，之前提到的"卢"的故事继续上演。当卢在餐厅的用餐区装病时，他的主管走过来说道："嘿，卢，几分钟前，一位年轻的母亲牵着她三岁女儿的手走进我们的露台区。她让女儿坐在椅子上，然后到柜台前去点餐。她刚转过身去，小女孩就开始用手在桌上扫来扫去，那桌上全是上一位客人留下的番茄酱。接着小女孩就开始舔起了手指。"

卢满脸羞愧。他甚至没等主管把话说完，就冲过去抓起一块抹布，开始卖力地擦起了桌子。

这是怎么回事？这是因为这名主管创造了一种关联。她没有唠叨或指责，而是创造了一种间接体验。她讲了一件事，帮助卢认识到自己行为的道德内涵。认知框架发生了变化，态度便随之而变。

那么，卢要成为一个服务好手需要的不只是这个吧？当然！本书后续会讨论他还需要的其他东西。但具备个人动力是一个良好的开端。

当有影响力的领导者意识到其他人缺乏个人动力来践行一项关键行为时，他们不会绕过去，而是会努力直面问题。他们坚信人们在道德上有缺陷，是因为道德还在沉睡。当需要时，他们会通过讲述发人深省的故事来创造间接体验。

在那个决定性的夜晚，父亲从警察局带回了他那犯事的儿子。最初，车里的沉默震耳欲聋。后来，父亲把车停在路边，开口说道："嘿，布莱恩，今天过得可真不容易，对吧？"布莱恩带着怀疑的神色看着自己的父亲，然后承认："是的，太可怕了。"父亲继续说道："我明白，儿子。我也曾犯过错。你必须面对某些后果，但你会挺过去的。"布莱恩神情轻松了一些。父亲接着说："但你知道吗，布莱恩，还有一个人今晚过得也很艰难。你能想到她是谁吗？"

布莱恩面露困惑，然后说道："我想不到，是谁啊？"

父亲回答："试想一下，你开着一辆车，突然一个巨大的硬物砰的一声撞到了你的挡风玻璃上，甚至差点儿把玻璃砸碎。你会感觉如何？"

布莱恩被这个问题吓了一跳。然后他低着头说："爸爸，我不用去猜她的感受。我完全明白，因为在她猛踩刹车后，我看到她趴在方向盘上。我想她是在哭。"

在重大事件发生后的最初时刻，领导者完全有机会将那个瞬间定格。你对这一事件的第一反应会让别人明白该事件的本质。是关于遵守规则的吗？还是为了保护家庭在社区中的声誉？抑或是关乎人身安全？如果这位父亲第一反应是说教、惩罚或冷脸沉默，那么会有什么样的不同呢？但是他没有那样做，而是让儿子沉浸到一种间接体验中，重新审视自己扔水球的决定。

过了一会儿，在车里，布莱恩说："爸爸，你觉得我能找到那位女士的电话号码吗？我想打电话给她道歉。"当你改变了认知框架，你就改变了态度。

策略 4：把它变成一场游戏

让我们再来探讨一种方法，它能将一般的甚至令人讨厌的关键行为转变为令人愉快的行为。

事实证明，激发个人动力的关键之一是某种超越活动本身的力量，即不断达成越来越具有挑战性的目标的能力。克莱蒙特研究生院（Claremont Graduate School）的研究员米哈里·契克森米哈赖（Mihaly Csikszentmihalyi）将自己的职业生涯奉献给了对"心流"的研究。所谓"心流"，是指沉浸于某项引人入胜的活动时所体会到的快感（他建议，我们都应该不遗余力地寻求这种感觉）。

契克森米哈赖博士发现，如果具有合理、有挑战性的目标与明确、频繁的反馈，几乎任何活动都可以非常吸引人。上述元素会将无聊乏味之事变成一种游戏，而人人都喜欢游戏。

例如，想象一下你从篮球场上把记分牌移走了。没有多少球迷会在看不到比分的情况下留下来继续观看比赛。你认为球员们看不到比分时还会在球场上气喘吁吁地跑多久呢？

　　要将本质上令人不愉快的行为转化为令人愉快的行为，我们要做的大部分努力只是想方设法将其转化为一场游戏。

　　想想一场令人愉快的游戏拥有哪些元素：

- **成就**。明确、频繁的反馈可以将任务转化为成就，进而产生强烈的满足感。当今许多电子游戏的设计者对契克森米哈赖博士的研究都有着直观的感受，并利用它来设计那些包含高度重复活动的游戏。在这些游戏里，玩家通过努力不断获得一个又一个成就，最终令人沉迷。

- **竞争**。竞争不只是为了了解数据。它还赋予数据以意义：我比以前做得更好了吗？我比别人做得更好吗？这一点值得质疑（它也可能导致不健康的竞争），但实话实说，竞争，尤其是与自己的竞争，可以帮助人们从原本可能单调乏味的任务中获得满足感。

- **改进**。我们中有多少人会在智能手机或手表上跟踪自己的每日步数或屏幕使用时间？"测量生活"的工具的激增让全球都痴迷于跟踪睡眠习惯、血压和健身任务，这有助于将不良习惯重塑为令人满意的游戏化体验。

- **掌控**。获得积分和奖励应该在参与者的掌控之中。在工作中，当个人或团队的努力因整个大集体的成绩不够出众而被忽视时，人们往往就会对自己的贡献失去掌控感。因此，要制定并记录那些令个人有掌控感的衡量措施，让他们能看到自己所做之事带来的影响。对许多人来说，这种影响远比做事本身更有意义。

通过挖掘人类对成就、竞争、改进和掌控的内在欲望，游戏化的关键行为就自然而然地增强了个人动力。

总结：个人动力

我们的所作所为往往并不符合我们的长期最佳利益诉求，因为短期内不良行为带来的满足感真实而直接，而负面后果往往又非常模糊，也许根本就不会有什么糟糕的后果，就算有也要在很长一段时间之后才会看到。

幸好人们的行为方式可以改变。你可以爱上你以前讨厌的东西，也可以讨厌以前令你无法自拔的东西。这种转变很大程度上是通过改变认知框架来实现的，你的认知决定了你的感受。有影响力的领导者通过使用以下四种有用的重塑策略来帮助他人改变自己的感受：

1. 允许选择。

2. 创造直接体验。

3. 讲有意义的故事。

4. 把它变成一场游戏。

意愿的改变是不能强迫的，只能主动选择改变。当人们能够按照自己的意愿行动时，他们将能够做出巨大的牺牲。成为一个有影响力的领导者，只需帮助人们找到他们践行关键行为的理由。

第四章

助人做力有不逮之事

第二种来源：个人能力

当你养成审视可能存在的能力障碍的习惯时，
你有效发挥影响力的可能性就会大大增加。

	动力	能力
个人	助人热爱 所憎之物	**助人做力有 不逮之事**
社会	提供鼓励	提供帮助
结构	带有关爱地奖励	改变环境

现在我们来讨论第二种来源，个人能力。当我们移动到模型的右侧时，不仅仅意味着多了一种影响力来源，还对我们理解和影响行为的默认方式发起了挑战。人们本能地倾向于将大多数负面行为归因于动力问题，却几乎从不考虑能力是否也在起作用。如果你想影响他人做出改变，最好反过来：先考虑能力问题，再考虑动力问题。

我们以亨利为例。他自从参加工作便每周两次去美食餐厅吃饭。目前他正竭尽所能减掉增加的 50 磅体重。亨利加入了一个共同努力减肥的同事群（一方面是为了控制保险费用，另一方面是为了身体健康），但他的减肥效果并不理想。亨利的一个关键行为——让自己吃小胡萝卜而不是巧克力，正在经受严峻的考验。事实上，此时此刻，亨利正在扯吃了一半的瑞士巧克力棒上的锡箔纸。亨利辩称说，那不是他自己买的。一位刚从欧洲回来的同事知道他爱吃巧克力，就把它送给了他。诱人的巧克力棒已经在他的桌子上放了一个多星期了。

片刻之前，亨利决定拿起这根巧克力棒，他只是想感受一下两磅有多重。拿起后，他注意到固定包装纸的黏合剂失效了。看起来包装纸似乎要脱落了，露出了里面诱人的、美丽而闪耀的红色锡箔纸，这也是那块巧克力的最后一道防线。

亨利作势扯了扯包装纸，没费什么劲就把它扯开了。接下来的几秒钟，他的记忆一片模糊。亨利不假思索地剥开了锡箔纸，色泽浓郁诱人的巧克力棒展露无遗。当他掰开一小块巧克力时，被巧克力填满的童年记忆瞬间涌上心头，那一小块满载着纯真的快乐。他把巧克力放进嘴里，然后快乐消失殆尽了。他的心情开始了从可可、脂肪和糖分带来的快乐到失望的转变。

问题就在这里。当亨利的味蕾传递快乐时，他的内心却羞愧不已。他确信，自己的问题在于意志力薄弱。他注定要被热量所奴役，因为自己缺乏品格、决心和意志力。在这场令人悲伤的放纵之前，他一直果决地坚持减少卡路里的摄入，同时真诚地承诺自己要开始锻炼了。这个焕然一新、意志坚定的亨利坚持了整整八天，然后，只是碰了一下红色的锡箔纸，就前功尽弃了。

亨利怀疑自己能否克服基因带给他的与生俱来的惰性。他既没有坚持节食的自律能力，也没有锻炼的决心。毫无疑问，他注定要过着不太健康的生活。但话说回来，亨利并不知道，多项研究表明，他实际上可以学会如何抵御巧克力的诱惑，以及如何提升坚持锻炼的能力。

亨利自年轻时起就铭记在心的许多事情可能都是错误的。当母亲说他不是一个有天赋的演说家时，当父亲说领导力不是他的专长时，亨利认为自己生来就没有获得"正确的东西"。他天生不是一个优秀的运动员，这毫无疑问。后来他发现音乐不是自己的专长，人际交往能力也不太行。再后来，他发现过度消费、沉迷于电子游戏和狼吞虎咽地吃瑞士巧克力是他擅长的事情。于是他得出结论，这一切就这样了，无法改变，因为自己无法与基因对抗。

幸好，亨利的想法是错的。他陷入了斯坦福大学心理学家卡罗尔·德韦克（Carol Dweck）所说的"固定思维"。[1] 如果一个人认为自己无法进步，那么他甚至都不会去尝试，以致陷入他人所预设的，关于他无法实现自我超越的负面预言之中。但是亨利很幸运。基因并不起着学者们曾经以为的决定性作用。长久以来，被学者和哲学家描述为遗传天赋或性格特征的那些特质更像是习得的，就像人们学习走路、说话或吹口哨一样。

这意味着亨利无须囿于自己目前的状态。他可以采用德韦克所说的"成长型思维"。他只需学会如何学习。但只有等他先明白自己的问题是能力和动力双重影响的结果之后，他才会迈出那一步。这一重要见解是成功影响而非屡战屡败的关键所在。

为了说明这一点，让我们来讨论一下研究人员为寻找自律的根源而进行的漫长探索。

德韦克博士对心态的研究在教育、
商业和体育等领域都产生了重大影响

哥伦比亚大学的沃尔特·米舍尔（Walter Mischel）教授对人们无法抵御诱惑感到好奇，便着手研究这个问题。是因为某些人拥有正确的东西而其他人没有吗？如果是这样的话，拥有正确的东西会影响他们一生的表现吗？米舍尔的研究成果彻底改变了心理学界的认识。

意志力很大程度上是一种技能

当四岁的蒂米坐在心理学系地下实验室的灰色金属桌子旁时，他发现了一些极其感兴趣的东西。桌子上有一块棉花糖，正是妈妈经常加在热巧克力里的那种。蒂米真的很想吃棉花糖。

把蒂米带进房间的那个面色和善的人告诉他，自己要出去一会儿，而他有两个选择。如果蒂米现在就想吃棉花糖，那他可以直接吃；但如果能等几分钟，等到自己回来，那他就可以吃两块棉花糖。

然后那人出去了。蒂米盯着诱人的棉花糖，在椅子上扭来扭去，脚四处乱蹬，但从总体来看，他试图克制自己。如果能多等一会儿，他就能得到两块棉花糖！但眼前的诱惑太大了。蒂米伸手抓起桌子上的棉花糖，紧张地环顾四周，最后把它塞进了嘴里。

蒂米是米舍尔博士和他的同事们跟踪研究了40多年的几十个对象之一。[2] 米舍尔很想了解受试的孩子中有多大比例的愿意延迟满足，以及这种性格特征会对他们成年后的生活产生什么影响。米舍尔假设，那些在小时候就能表现出自控力的孩子，会因此在以后的生活中获得更大的成功。

在该项研究和其他多项类似的研究中，米舍尔跟踪调查了这些孩子进入成年后的状况。他发现，延迟满足的能力带来的影响比许多人最初预测的更为深远。

棉花糖技能

尽管研究人员只观察了孩子们几分钟，但实验结果非常有说服力。能够等待久一些最后得到两块棉花糖的孩子长大成人之后，变得更有社交能力、更自信可靠，也能更好地应对挫折。他们的 SAT 平均得分较同期水平高出 210 分，升职更频繁，人际关系也更幸福、更长久。

显然，米舍尔偶然发现了个性特征的关键所在。一个四岁的孩子对一块诱人的棉花糖的一次性反应预示着其一生的结果，具体取决于你是"延迟满足者"还是"立刻出击者"，这一事实既令人兴奋又令人沮丧。

但这就是这些研究真正得出的结果吗？是不是有些人注定成功，而另一些人注定失败？延迟满足是天生的动力还是后天可习得的能力？

1965 年，米舍尔博士与阿尔伯特·班杜拉合作进行了一项研究，主要探讨了这个问题。[3] 在一项类似于棉花糖实验的研究中，两位学者让未能延迟满足的孩子与知道如何延迟满足、起模范作用的成人待在一起。那些孩子们发现，为了不去拿棉花糖，大人们会低着头打盹，或者从椅子上站起来，做一些分散注意力的事。他们观察到了有助于延迟满足的可习得的技能。于是他们纷纷效仿，这令所有人都大感欣慰。

在接触过一次延迟满足的成人模范后，以前不愿意延迟满足的孩子突然成了延迟满足的佼佼者。更有趣的是，在几个月后进行的后续研究中，学会延迟满足的孩子保留了他们在简短的模仿过程中学到的大部分知识。看样子，意志力可能是一种技能。

这个结论对我们所有人而言都非常重要，当然也给亨利带去了希望。米舍尔博士对那些总是能等待更大回报的人进行了细致的观察，他得出结论，延迟满足的人只是更善于避免受短期诱惑。他们不只是避免了受诱惑，还采用了特定的、可习得的技能，让自己的注意力远离短期满足，而专注于可以得到"第二块棉花糖"的长期目标。

但在将这些应用到亨利或其他渴望积极变化的人身上之前，我们必须首先认识到，在塑造我们所追求的习惯方面，影响力的三种能力来源（个人能力、社会能力和结构能力）所起的作用其实比我们想象的要大得多。你影响变革的能力取决于你对当下行为的理解程度。

比如，当你看到本该去服务顾客的卢一边吃着薯条一边发短信时，你可能很容易就得出结论，卢真是个懒虫。他之所以做现在所做之事，都是因为他十分懒散且以自我为中心。这一目了然，就是动力问题！

但如果事情远非如此呢？如果他那样做是因为觉得面对顾客有点尴尬呢？如果是因为他缺乏社会能力呢？如果是因为他没有好好接受过基本清洁技能培训

呢？当你养成审视可能存在的能力障碍的习惯时，你有效发挥影响力的可能性就会大大增加。

一旦亨利懂得了这一点，他就会知道如果学会延迟满足的技能，他的生活就会有所改善。但这足以让他变成他想成为的身体健康的人吗？他认为自己在所有运动上都不擅长。当然，体型、肺活量和肌肉组织这种与生俱来的条件，似乎是推测一个人运动表现的指标。亨利完全没有希望成为你在健身俱乐部里看到的那种轮廓分明的大块头。对吧？

卓越成就大多源于练习

在解释那些身处巅峰之人如何达到巅峰这一问题上，心理学家安德斯·艾利克森（Anders Ericsson）提出了一个非常有趣的观点。他在整个学术生涯中都致力于研究为什么有些人比其他人更擅长某些任务，他一再表明，通过他所说的刻意练习，[4] 达到巅峰之人会让同伴相形见绌、黯然失色。我们的研究表明，在有效的影响力策略中，同样的准则必不可少。

俗话说，练习未必能造就完美，只有无懈可击的练习才能造就完美。艾利克森指出，有大量证据表明，表现出众的人只有通过精心指导的练习、无懈可击的练习，才能登峰造极。

例如，艾利克森描述了专注的花样滑冰运动员如何在冰上以不同的方式练习：备战奥运会的选手们正在努力掌握他们尚未学会的技能；而俱乐部的运动员则在他们已经掌握的技能上继续磨炼；业余爱好者们则往往有一半的时间在溜冰场上与朋友聊天，根本不去练习。

在冰上花费相同时间的滑冰运动员也会因为他们的练习方式迥然不同而获得非常不同的结果。艾利克森的这一研究成果适用于所有你能够想到的技能，包括背诵、下国际象棋、拉小提琴、公开演讲、与他人相处以及进行利益攸关的商谈。

艾利克森发现，无论在哪个专业领域，顶级精英在该领域的从业时间与绩效水平之间完全没有任何相关性。一名从业 20 年的脑外科医生并不会因为从业时间长就比一名从业 5 年的新手医生拥有更出色的专业技能。两者之间的任何差异都与经验无关，而是与刻意练习有关。

在这种情况下，能够收到针对现行水准的详细反馈的外科医生要比一遍又一遍地重复使用同一种旧方法的同事，技能水平提升得更快。

当然，时间也是必不可少的（音乐创作、舞蹈、科学、小说创作、国际象棋和篮球等领域的大多数精英都全身心地投入了 10 年或更长的时间）。但时间并不是精通的关键因素。关键因素是明智地利用时间。

是练习的技能造就了完美。

罗杰·培根（Roger Bacon）曾说过，一个人需要 30～40 年的时间才能掌握微积分，而如今大多数高级中学都会教授微积分。当今音乐家们的技术水平通常与过去的传奇音乐家不相上下，甚至更胜一筹。在体育运动方面，纪录也一直在刷新。例如，以电影《人猿泰山》中的泰山形象闻名世界的约翰尼·韦斯穆勒（Johnny Weissmuller）在 1924 年夺得五块奥运会游泳金牌时，没有人会料到多年以后，高中生会游得比他更快。这一切都是经过刻意练习才得以实现的。

什么是刻意练习

那么，刻意练习到底是什么呢？要想看到它的实际效果，请与我们一起来到 40 米滑雪坡道的顶部。一个名叫齐亚的 10 岁女孩凝视着坡道，因担心和寒冷而瑟瑟发抖。几个月前，在齐亚的坚持下，她的母亲报名让她向前奥运选手学习跳台滑雪。这在当时看来是个好主意。但现在，她站在山顶，凝视着那条似乎无穷无尽的坡道，产生了怀疑。

昨天是开始学习跳台滑雪的第一天，她的教练让她毫不费力地滑下了 20 米的坡道。虽然今天挑战的坡道只延长了 20 米，但对齐亚来说，风险要高得多。为了让自己平静下来，她对自己说："我会没事的。我会做到的。来吧……我可以的……"听到她颤抖的声音，教练及时给了她建议："记住，不要铲雪。滑雪板要保持笔直。把心思放在这两点上就行了。这只不过延长了 20 米！"

齐亚反复叨着教练的话，稳了稳心神："这只不过延长了 20 米！仅此而已！"她的呼吸逐渐平稳下来，身体前倾，开始快速下滑。当她滑了 30 米后，她兴奋地尖叫起来。"喔，天呐！这真是太有趣了！现在看来 60 米也不在话下啊！"

第二天，她在 60 米坡道上完成了第一次空中飞跃。在同学完成训练后，教练滑到山脚下，给予了一些意见和建议，然后学生们重回山顶再滑一次。

这个简短的插曲简直是影响力的最佳例证。它完美地展现了刻意练习的三个要素，也是解决能力问题的方法。在短短几分钟内，在这位有影响力的教练的带领下，学生们：

1. 练习了一两项特定技能。

2. 挑战了能力的极限。

3. 得到了即时反馈和指导。

艾利克森的研究表明，当这些要素都具备时，掌握技能的速度就会加快。而如果缺乏这些要素（在大多数"学习"环境中都是如此），就很难取得进步。对齐亚事例的具体分析如下所述。

1. 练习一两项特定技能

教练没有让齐亚淹没在多种技术之中。他只是简单地说："记住，不要铲雪。滑雪板要保持笔直。把心思放在这两点上就行了。"他没有说那些在大多数学习环境中都会听到的模糊而抽象的概念。只会高呼口号"做出你想看到的改变"或"付出 110% 的努力！"，根本无法带来进步。

要培养能力，人们所需的不是空洞的哲学，而是具体的技能。

2. 挑战能力极限

为了提高自己的水平，齐亚正在以最佳状态进行练习。这个最佳状态是指略微超出她目前的能力范围。人们在适度压力的情况下学习效果最好。压力过大会使学习停滞，压力过小则会导致注意力涣散。

3. 得到即时反馈和指导

最后，在她完成一次滑雪练习后，教练及时告诉她下一次该怎么做，并立即让她再滑一次。反馈和下一次尝试越及时，学习效率就越高。

这一切对跳台滑雪等运动来说似乎显而易见，但它适用于你想改变的各种职场行为吗？以医院里的一个常见问题为例。一位外科医生刚刚犯了一个医疗失误。在进行乳房切除手术时，她不小心撕裂了保护患者胸腔的一块小肌肉，但她没有意识到自己失误了。

麻醉师注意到仪表上数字的变化，显示患者的一侧肺似乎不再吸入空气。协助手术的两名护士也看到了类似的危险迹象。如果医疗团队不尽快采取补救措施，患者随时都有可能死亡。但在采取行动之前，要么需要外科医生主动发现并承担起责任，要么需要其他专业人员发出预警。

我们重点看看从旁协助之人，预测一下他们会怎么做。大多数人肯定会犹豫要不要暗示外科医生失误了，因为如果无法妥善处理这种情况，他们就可能会因为举止轻率或不服从指令而被踢出团队。这中间也牵涉到一些法律问题，于是事情就变得更加微妙起来。也许某位同事表达了担忧，但结果证明他判断错误，最终受到了严厉的斥责，所以最好还是让别人来承担风险。抢救病人的宝贵时间仍在不断流逝。

一家大型医疗保健组织认为这一时刻太重要了，不能听天由命。在得知目睹医疗失误的人中只有不到15%的人会直面这些失误后，他们十分忧心。[5]因此，他们开始践行同伴问责这一新的关键行为。后来他们在这一方面取得了显著进步，其关键就在于刻意练习。

医生和护士组成团队，练习目睹失误并畅所欲言。他们准备了有助于自己轻松发言的讲稿，并且在工作环境下与同事一起练习，如果方法行不通他们也能立即得到反馈。这种练习一般很少超过 15 分钟。尽管非常简短，但进行了刻意练习的部门在同伴问责方面改进更大。

不培养技能，就无法改变生活

另岸学院是一个极好的案例，展示了能力作为影响力的一部分的重要性。另岸学院通过让人们练习实用的技能来解决实际问题，帮助他们改变生活，同时也得到了人们的很多反馈。

以利奥为例。在流浪街头 6 年，成为瘾君子 20 年后，他跌跌撞撞地走进另岸学院的大门，要求参加进校面试。他面色憔悴，神情沮丧，浑身是伤。

许多人认为，那些长期犯罪或无家可归的人只是缺乏动力。"如果他们想改变，他们就会改变。"但戴夫·迪罗谢告诉我们事实并非如此："我们的学生刚来时，几乎不知道如何过上清醒、诚实、健康的生活。他们几十年来学会的只是应付凑合的技能，而不是生活的技能。"

比如，利奥就从来没有工作过。他擅长在垃圾箱中寻找食物、确定慈善服务点的位置、在街上行乞、避免冲突等数十项生存技能。他不懂每天起床后如何在工作场所与各色人相处，也不懂如何管理自己的资金。而这就是在另岸学院生活的意义所在，它教会人们如何融入社会、管理自我。

一天，利奥正在参加一个同伴辅导会，一位同学说："利奥，你坐着的姿势像个流浪汉。"学院的学生们说话都不会拐弯抹角。起初，利奥十分生气。然后他看了看会上的其他人，再看看自己，腰塌在椅子里，腿大刺刺地伸向前方。意识到区别后，他收起双腿，坐直了身子，开始掌握一套新技能。在接下来的几周或几个月里，在同伴的即时反馈和指导下，他学会了各种姿势、眼神交流、语言词汇和餐桌礼仪，这些在他想要的生活中都是必不可少的。

让我们看看另一个刻意练习的例子，这次发生在办公室里。在经历了一次灾难性的公共客户服务失败后，星巴克前首席执行官霍华德·舒尔茨（Howard Schultz）意识到有必要帮助咖啡师学会管理工作中不可避免的情绪波动。在那个决定性的日子里，一位顾客在下单时对一位咖啡师说话不太客气。为了报复，咖啡师在咖啡杯上写了一句脏话，通常写的应该是顾客的名字。

这件事在网上疯传，造成了尴尬的局面，品牌形象也因此受到损害。舒尔茨明智地指出，要彻底解决此事需要的不仅仅是解雇该员工。他认为这一事件反映的是那名员工在技能上的不是，而不仅仅是任性肆意、小题大做。因此，他将世界上所有的星巴克闭店一整天，让员工练习新的技能以应对这些情绪失控的时刻。

为了了解能力和刻意练习在影响变革方面的重要性，我们再来看看那个父亲从警察局接回 13 岁儿子的案例。在问了受害者的电话号码后，布莱恩沉默了几分钟。最后，他垂着头说："爸爸，说实话，当那些家伙开始给气球灌水时，我觉得我应该说点什么，但我不知道该说什么。"

布莱恩刚才说了什么？他描述的是动力问题还是能力问题？如果你不用心，你会像我们经常做的那样，把它归类为动力问题，然后说教他要鼓起勇气之类的。但这不是他需要的！这就是为什么学会通过所有来源来审视你的影响力问题如此重要。如果不这样做，你将错过施加合适影响的完美时刻。

父亲再次将车停在路边，转向儿子，故作严肃地说："儿子，你真幸运！我是关键对话领域最顶尖的专家之一。而现在我和你正一起坐在这车里！"

布莱恩翻了个白眼，但还是继续说道："爸爸，那你会说什么？"

父亲说了几句，但布莱恩立刻表示反对。"我要是那样说，他们会觉得我是个白痴！"

父亲没有气馁，问布莱恩："那还有什么话比这更适合呢？"

布莱恩咬了咬嘴唇，思索了片刻，说了一句话。父亲觉得这句话不是特别合适，便加了几个词进去，将这句话变了一下。布莱恩试着说了说。

布莱恩后来表示："这应该可以！我应该这么说，他们肯定会听进去的！"

加的那些词并非什么华丽辞藻，而且并不重要。重要的是，下次遇到有风险的情况时布莱恩是否愿意表明自己的立场。所以父亲让他再练习几次。父亲说："好，你再说一遍。"

布莱恩照做了。父亲让他又练习了三次，然后问道："如果你将来被迫做什么不好的事情时，你会这么说吗？"布莱恩做出了保证。父亲开车回到了大路上。

我们来仔细看看刚才发生的事情。父亲所做的只是让布莱恩进行了大约四分钟的刻意练习。布莱恩练习了一项具体的技能。他脑子里想着这件事情带来的压力，模拟在真实条件下进行练习。这种练习促使他挑战了现有能力的极限。同时他得到了即时反馈和指导。但如果他的父亲未能意识到他面临的不仅仅是动力问题，更是能力不足的问题，那么变化就永远不会发生。

我们面临的诸多深刻而持久的问题更多是源于缺

乏技能，而非先天祸根、缺乏勇气或性格缺陷。自律和卓越表现长期以来被视为性格特征和遗传天赋，但实际上它们源于对具体技能的系统性练习。学会践行正确行为，你就可以掌控一切，无论是抵制巧克力的诱惑还是与老板进行尴尬的讨论。

像意见领袖一样行事

在加纳偏远地区经营金矿的纽蒙特公司的领导者正试图通过禁止司机超速来减少车祸的发生。他们发现大多数司机都不想超速，但出于人情世故，他们不得不超速。他们经常被要求开车送高层领导去机场，车程本来需要2小时，但这些领导者往往不太守时。他们没有预留足够的时间赶飞机，所以司机不得不超速。

能够解决这个问题的关键行为是，司机提前1小时给高层领导打电话，提醒他们预定的出发时间。对司机来说，这非常尴尬，也违背惯常做法。这是一个能力问题。因此，司机们集思广益，想出了一些他们认为有助于熟练使用的说辞。他们不断练习，并且还练习了当领导者仍然迟到时他们要说些什么。然后，他们邀请了安全经理和几位高层领导参加讨论，并与高层领导进行模拟对话练习，而参加模拟练习的高层领导恰恰就是现实中有时令他们感到害怕的那几位。

这些模拟练习既培养了能力也树立了信心，帮助司机在非常重要的时刻践行关键行为。

想要详细了解纽蒙特公司的故事，请访问网址 CrucialInfluence.com。

总结：个人能力

改变行为总是需要学习新技能。杰出的领导者都明白，当务之急是让人们进行刻意练习。

如果你想在影响力方面取得成功，那你就得花更多的时间让人们练习你希望他们践行的新行为。你要确保以下几个方面：

1. 练习一两项特定技能

2. 挑战能力极限

3. 得到即时反馈和指导

最后，还要确保你帮助人们培养的不仅是实用的技能，还有成功所需的人际交往及自我管理的能力。让人们练习管理情绪，是因为它可能会破坏人们做出改变的努力。帮助人们学会从行动到认知的转变，这样他们就可以抑制那些可能阻碍他们成功的一时冲动。

记住，改正不良行为习惯或培养复杂的运动技能、思维能力和人际交往技能，不仅仅取决于动力、个人特质或者性格，还与能力息息相关。帮助人们更熟练地进行刻意练习，你将大大提高将关键行为转变为长期习惯的成功率。

人们本能地倾向于将大多数负面行为归因于动力问题，却几乎从不考虑能力是否在起作用。如果你想影响他人做出改变，最好反过来：先考虑能力问题，再考虑动力问题。

第五章

提 供 鼓 励

第三种来源：社会动力

我们不可避免地会受到周围人的影响。

	动力	能力
个人	助人热爱 所憎之物	助人做力有 不逮之事
社会	**提供鼓励**	提供帮助
结构	带有关爱地奖励	改变环境

社会动力是第三种来源，也是所有影响力来源中最无处不在的一个。它指的是你想要领导的人所处的社会关系网之中人们具有的一种让人信服的能力。他人的赞扬或嘲笑、接受或拒绝、认可或否定比其他任何事情都更能促进或破坏我们施加影响力的努力。

聪明的领导者都深知人类彼此之间存在着巨大的影响力，他们不会否认、叹惜或攻击这种力量，而是接受并争取这种力量的支持。他们利用社会影响力，通过确保合适的人在关键时刻给予鼓励、指导甚至必要的问责来推动变革。

鞭策人们超越极限

1961 年，心理学家斯坦利·米尔格拉姆（Stanley Milgram）开始寻找具有某些性格特点的美国公民，他们在大多数人看来要么有点疯癫又格格不入，要么信奉原教旨主义，要么心理上出了大问题。历史上，这种人曾将犹太人、波兰人、吉普赛人等无数人关进奥斯威辛的毒气室。全世界都因为米尔格拉姆的发现而感到惴惴不安。

米尔格拉姆博士对希特勒统治下的德国非常感兴趣，他想要搞明白哪种人会被胁迫去杀害自己无辜的朋友和邻居。当然，在康涅狄格州的郊区，很难找到那些在政治狂热的名义下执行难以言表的命令的盲目的原教旨主义者。尽管如此，米尔格拉姆还是下定决心要找到他们并进行细致研究。

当然，米尔格拉姆不可能创造出邻居们互相残杀的真实环境。但他可以让受试者以为自己在杀人。米尔格拉姆在《纽黑文报》（*New Haven*）上刊登了一则广告，邀请人们参与一项持续 1 小时的实验，参与者可以得到 4.5 美元的报酬。[1] 对此感兴趣的人可以去耶鲁大学林斯利 – 奇滕登楼（Linsly-Chittenden Hall）的地下实验室报到。在那里他们将被告知，自己正在参与一项研究负强化对学习的影响的实验。

在等待轮次时，受试者与旁边的人聊起了即将参与的实验。这个面善的陌生人实际上是米尔格拉姆博士所在研究团队的一员，这是提前安排好的。

接下来，一位穿着实验服的科学家会出现，并要求两名参与者分别从碗里抽出一张纸条，以确定谁在实验中扮演什么角色。两个角色中一个是老师，另一个是学生。

事实上，两张纸条上都写着"老师"，这是为了确保真正的受试者顺利扮演老师的角色。

扮演老师和学生的两名参与者随同研究人员进入一个小隔间，随后学生坐下来，研究人员在他的手臂上涂上特殊的膏剂，并解释道："这是为了在进行电击时确保皮肤和电极之间紧密接触。"

这时，学生问道："几年前在退伍军人医院，我检查出来心脏有点问题。这会有危险吗？"对此，研究人员自信地回答："不会。虽然受到电击可能会很痛苦，但并不危险。"

将电极绑在学生身上后，研究人员关上隔间的门，将老师（受试者）带到隔壁房间。在那里，老师会发现一台可怕的电机，这台电机会用来电击学生。为了让受试者确信这台电机真的输出电流，每个老师都会亲身感受一下45伏的电击，这也是另一个房间的学生在实验期间受到的初始电击强度。的确很痛苦。

研究人员再次解释说，实施电击是为了衡量负强化对学习的影响。老师被要求大声朗读一份成对的单词表，让学生在隔壁房间也能够听到。之后老师朗读每对单词中的一个，学生试着回忆另一个。如果学生说错了单词，老师就会按一个开关，让那位自称有心脏问题的可怜虫受到电击。随后每错一个单词，老师就拨动另一个开关，实施电压更高的，令人更痛苦的电击。

当然，学生实际上并没有受到电击。事实上，每一次增加电压，研究人员都会播放一段预先录制好的音频片段给受试者听。伴随着第一次"电击"而来的是一声咕哝。第二次"电击"则引起轻声抗议。接着是更强烈的抗议。然后是尖叫和大声喊叫。接下来是尖叫着捶打墙壁，同时大声提醒说自己心脏有问题。最后，当电压超过315伏时，老师朗读单词之后，增加电压并拨动开关，隔壁只是一阵沉默。

米尔格拉姆推测，他需要对众多受试者进行实验，才能找到愿意将电压增加到超过315伏的人。事实上，米尔格拉姆还邀请了一组心理学家来预测这项研究的结果，他们也认为只有1.2%的人，也就是只有"少数虐待狂"，才会把电压增加到最大限度。

观看那些实际参与实验的受试者的黑白视频片段时，人们不禁毛骨悚然。起初，这些来自康涅狄格州街头的普通人在听到学生受到45伏电击后发出抗议的咕哝声时，紧张地咧了咧嘴。在电压增加到学生开始大喊大叫时，一些受试者表现出了焦虑不安的样子。许多受试者会在135伏左右时停下来并质疑实验的目的。

每当受试者要求停止实验时，穿着白色实验服的科学家就会说，实验需要他们继续，但这些话最多说四次。如果受试者第五次要求停止，实验就会真正停止。不然的话，只有在受试者给一个不再有反应的学生增加到最大450伏电压时，实验才会结束。那时老师会确信无疑，学生要么昏倒了，要么死了。

显然，继续增加电压的受试者对自己所做之事并不觉得有趣。看着痛苦的受试者要求停止酷刑的片段，我们感到非常不安。但当一个穿着白色实验服的人告诉他们继续时，他们便照做了。而且照做的人数并不像米尔格拉姆和数百名心理学家预测的那么少。

实验显示，65%的受试者会持续增加电压到450伏。在另一个版本的实验中，米尔格拉姆提前安排了一名人员扮演欣然遵循指示的同伴，与受试者配对，一起充当老师的角色。在这种情况下，90%的受试者会将电压增加到450伏。

米尔格拉姆博士在康涅狄格州并没有找到他下定决心要找的，那一小撮欣然将自己的灵魂献给极权主义事业的狂热分子。但他在我们所有人心中都发现了脆弱之地。他最初是为了找寻少数虐待狂，但最终却发现虐待狂是他自己，也是你我。

社会影响力的力量

几十年的社会心理学实验清楚地表明：我们不可避免地会受到周围人的影响。我们天生会向他人寻求肯定、信息、灵感和归属感。虽然这种倾向是人类取得巨大成就的原因，但米尔格拉姆在纳粹种族灭绝行为引发下进行的这些实验振聋发聩、引人深思，厉声告诫人们这种影响力来源也可以被用于各种不良目的。我们对肯定的渴望，我们对靠不住的专家提供的信息不加分辨的坚信，以及我们对归属感的希冀，都可能被用来操纵我们做出可怕的事情。领导者对这些告诫的正确反应不应该是回避，而应该是想办法利用社会影响力的积极方面。如果那些领导积极变革的人无法有效利用社会影响力，那么社会影响力的巨大力量就会落在那些持有消极想法的人的手中。

伟大的领导者不仅会确保人们在每次践行关键行为时都能得到周围人的赞扬、情感支持和鼓励，也会确保人们在做出错误选择时会受到批评，甚至是社会层面的制裁。

几十年来对社会变革的研究让我们明白了关于社会影响力的以下三个方面：

1. 社会影响力始于你自己。如果领导者不能"言行一致"，任何影响力的尝试都不可能成功。

2. 获得正式领导者和意见领袖的支持。变革的步伐取决于正式领导者和意见领袖介入的速度。

3. 启用同伴问责制。同伴问责是变革的最终加速剂。

接下来，我们探讨一下上述每个层面怎样帮助你利用社会动力的力量。

社会影响力始于你自己

我们曾经见过一个关于社会影响力的引人注目的案例。一家大型国防承包商的首席执行官肯，试图将谨小慎微的企业文化转变为畅所欲言的企业文化，以解决长期存在的问题。

经过几个月的讲授，肯面临着一个关键时刻。在一次实绩排行前 200 名的经理参加的会议上，他向众人发出邀请。他说："有人跟我说我很难接近，我正在想办法解决这个问题。但说实话我不知道很难接近到底指的是什么。你们中要是有人愿意帮助我，给我反馈，我将感激不尽。"

在话音刚落下的那几秒钟内，整个礼堂安静得如停尸房一般。肯扫视着台下的听众看是否有人愿意发表意见。就在他准备打破尴尬的沉默，开启一个新的话题时，一位名叫雪莉的女士举起了手。"肯，我来说。我有一些建议。"

之后，肯与雪莉进行了一对一的交谈。正如你可能猜到的那样，从那一刻起，茶水间里的多数闲聊都是在讨论雪莉怎么会那么愚蠢地出去出风头。付费点播系统要是能出售肯与雪莉之间的那次私人会面视频，肯定会赚得盆满钵满。最后，肯主动透露了整个会面内容。

在与雪莉会面（并得到雪莉的许可）后，肯发了一封电子邮件，详细讲述了他收到的反馈，并且十分真诚地感谢了雪莉的坦诚。最后，他承诺自己会做出一些改变，并希望这些改变能让他变得更平易近人。后来他也一直坚持了下去。

在这个案例中，肯真诚地倾听那位甘冒风险、坦诚提出意见之人的心声，以实际行动表明自己对坦诚的发自内心的支持，而后他做出了个人改变，彰显了他言出必行的品质。他的行动表明了他在言行一致上的意愿，这也带来了深远的影响。几个月内，整个组织内员工的坦诚程度显著提高。员工们开始开诚布公，最终成功地解决了问题。

这起事件中的什么因素导致了影响力的大幅提升？首先，领导带头。其次，意见领袖起了辅助作用。最后，他们两人为其他199名经理创造了难以忘怀的间接体验。

雪莉所扮演的角色至关重要。但成功的首要要素是领导者。一切都始于你自己。还要注意的是，肯倡导的关键行为与人们过去对他的看法相冲突。尽管如此，这一关键时刻还是带来了显著的变化。让我们来看看这一切究竟是怎么做到的。

像意见领袖一样行事

一位护士长在会议开始时习惯分享上周发生

的"好的、坏的和丑陋的"事情。她通常带头先说。在这样做的过程中，她树立了一个榜样，即分享坏消息和失败都是可以的，无须任何粉饰。

当其他人冒着风险分享他们所经历的挑战和挫折时，她总是赞赏地回应道："你观察得很细致""谢谢你注意到这一点"。她的反应向众人表明，诚实地说话是安全的。然后，护理团队再利用这些或失败或成功的故事来提高今后的护理水平。

以身作则

要建立社会影响力，你首先需要审视自己。当你要求人们采取新的关键行为时，他们问的第一个问题可能是："我为什么要追随你？"你要求他们改变，但实施许多新的关键行为在体力上或情感上都比维持现状更具挑战性。你是在要求人们从一个熟悉的、舒适的环境步入一个充满不确定性的或困难的世界。

我们曾与电信和数字服务巨头 MTN 南苏丹分公司的首席执行官穆罕默德·西迪基（Mohammad Siddiqui）共事。他刚上任时，手下的员工相当愤世嫉俗。由于政局不稳、经济动荡，当地货币贬值了85%。因此，他手下员工的实际收入比一年前减少了

85%。此外，员工普遍认为管理层缺乏同情心，要求苛刻。

穆罕默德·西迪基（右上）牺牲个人时间，
与意见领袖在他们的家中交谈

员工的敬业度和工作效率低得令人难以接受。西迪基为扭转局面，面临着极大的压力。他知道，为了取得进步，他需要员工全身心地投入。因此，他开始努力培养一种新的关键行为。他希望所有员工"无论面对什么级别或职位的人，都能够畅所欲言"。

员工们都感到无比惊讶。首先，因为这与该国的文化相悖。在南苏丹，谁与谁说话都有严格的礼仪规范，更不用说谁反驳谁了。其次，员工们认为西迪基本人就是导致工资令人不满的原因之一。他曾经说过，如果全面大幅加薪，公司会难以为继。但现在，他居然要求员工去做一件让人不舒服甚至有风险的事情。这绝不可能。员工们将这种让人开诚布公的行为视为一种伎俩，一种在不牺牲管理层的情况下假装解决员工问题的方式。

当你要求人们进入一个充满不确定性和变化的环境时，他们会观察你的做法，并以此为参考。他们会审视你的行为。不幸的是，他们倾向于以印证而非打消疑虑的方式来解读你的行为。为了鼓励他们做出改变，你必须拿出清晰、明确的证据让他们相信你。但要怎么做呢？

愿意做出牺牲的价值观

许多人认为，建立社会影响力的唯一方法就是与所领导的人慢慢建立起信任关系。他们的口头禅就是"给它时间"。但对像西迪基这样的人来说，那无疑是给影响力判了死刑。他是一位来自异国的新首席执行官，他需要的是现在就进行变革，等不了五年。

正如我们在肯身上看到的那样，"给它时间"这个理论在很大程度上是错误的。短短几个月内，西迪基就在团队中建立起了巨大的社会影响力，促使团队成员的行为发生了显著变化。在这个员工们对他所做的任何事情都可能持负面看法的环境中，他究竟做了什么让自己的信念既明确又可信呢？西迪基意识到，做出牺牲是一种强大的影响力加速剂。

西迪基做的第一件事在南苏丹文化中是前所未有的：他倾听员工的心声并道歉。在与员工的公开讨论中，他仔细倾听并关注员工因货币大幅贬值而遭受的痛苦。他同情他们的处境，并想方设法提供帮助，最终还坦白说，如果公司要继续生存（而他们要保住工作），他几乎无能为力。

然而，当结束这些坦率的会谈时，不止一位员工表示，这是他们第一次听到领导者温和、谦逊、真诚地说"对不起"。他们心里的某些东西开始激荡起来。

西迪基并没有就此止步。一个周末，西迪基带着七岁的女儿去拜访了公司里一位备受尊敬的员工贾法尔（化名）。贾法尔是公司的看门人，职位比西迪基低10级。当接到电话说大老板和他的女儿要来拜访时，贾法尔感到无比诧异。在约定的时间内，西迪基出现了。他对贾法尔一家都表示了敬意。他热情地问候了贾法尔的父亲和母亲，并仔细询问了贾法尔的情况。他真诚地感谢了贾法尔的长期奉献，并承诺作为领导者将尽最大努力赢得贾法尔的信任。

每个周末，西迪基都会对公司里的其他员工进行类似的拜访。几个月后，西迪基提倡改变的言论不再沦为笑柄。员工们普遍认为，这是一个他们可以信任的人，一个值得他们支持的人。

你完全明白有些人可能会对你的话不以为然，或者曲解你的行为。但如果你希望增强对那些你想帮助其改变的人的影响力，那你就必须做出一些牺牲。你必须定期拿出无可辩驳的证据来证明你坚信自己的观点，并以此来展示你的诚意。你说开放很重要，那么你就得放下骄傲，以示证明。

MTN 的员工经历了几代领导者，他们都把被尊重（甚至被恭敬地对待）放在首位。领导者们都曾是高高在上的。但现在出现了一个愿意放下自己的骄傲，与员工平起平坐的人。他呼吁进行公开、坦诚的对话。他倾听员工的心声，勇于道歉，甚至走进员工简陋的家中。他是个言行一致的人。

接下来，我们来看看牺牲的四种类型，它们会在你的影响力尝试中起到加速建立信任的作用。它们分别是时间、金钱、自我和其他重要事项。

时间

西迪基的行为非常了不起，因为它在许多层面上都体现了牺牲精神。其中，最令人信服的牺牲之一就是他付出的时间。人们听说他亲自拜访员工一家后，就想要了解更多的细节。他们想知道他说了什么、做了什么、坐在哪里，以及待了多长时间。

我们都知道，时间是一种有限的资源。在时间面前人人平等。没有人能找到方法创造更多的时间。所以我们相信，时间是价值观的有力佐证。

西迪基并不是只花 5 分钟进行了一次简短而热情的拜访，他是一边喝茶一边聊天，花了 1 小时的时间进行谈话；这两者所传达的信息完全不同。如果你想说服别人你是认真的，那你就得牺牲一些你的时间。

金钱

"9·11"事件后，我们（本书的作者们）成了赫兹（Hertz）租车公司的忠实客户。袭击发生时，有两位作者正在得克萨斯州的达拉斯市出差。由于所有飞机都无限期停飞，他们无法回家与忧心忡忡的家人团聚。他们打电话给赫兹租车公司，询问租车从达拉斯开约 4000 千米到盐湖城需要多少钱。对方回答说："不需要您付钱。我们来负责。您可以把车开到任何要去的地方，先回家和家人团聚吧。然后在您最方便的地方把车还给赫兹就行了。没有异地还车费。请您多保重。"听到这席话，他们惊讶得一时语塞。

我们知道赫兹租车公司宣扬其客户服务。它的广告里满是这个概念。但现在我们相信，它确实关心客户。为什么？因为该公司在危机时刻尽最大努力为客户服务，而这对公司的利益造成了巨大打击（至少在短期内）。为了服务客户而牺牲金钱的人都是真正关心客户的。

自我

你可能会搞砸。有时你的行为会与你想培养的关键行为背道而驰。但这并不是世界末日。事实上，这反而可能是一个好机会，让你可以通过牺牲自我来增强信任。

我们曾经与一位名叫利兹的领导者共事。她是吉隆坡的一名厂务经理。一天，在经理简报会的尾声，她正在读200名观众写在卡片上的问题和建议，而那一刻发生的事让她想要提高质量的努力全都白费了。一张卡片上写道："昨天你和来自日本的高管们本应该去参观工厂。我的团队花了一整个周末的时间精心准备，但你们完全没有露面。"利兹的脸顿时涨得通红。她把卡片拍在主席台上，摘下眼镜，然后说道："昨天我有一个决定要做。我必须做出抉择，到底是花两个小时和高管们一起参观工厂，还是一起讨论公司的未来。我选择了后者，而且今天我还是会这样做。好了，我们继续看下一个问题。"最后，会议在令人不舒服的氛围中结束了。

但是，利兹立刻就懊悔了。她知道自己刚刚破坏了信任，违反了自己的关键行为准则。幸运的是，在下一周类似的简报会上，情况完全变了。一开始她便从讲台后面走了出来。她低着头，有些激动地说："上周我的言行令人生厌。"她接着回顾了上周的事情，然后总结道："我请求你们的原谅。我的言行完全不可接受。我以后再不会这样做了。"而她也确实没有再那样做过。

具有讽刺意味的是，虽然她在上一次会议中表现得"天衣无缝"，但不及这一次她公开道歉对信任的影响那么深远。在公开道歉的那一刻，她手下的员工都会明白，她所信奉的开放和尊重的价值观比她的自我更为重要。

犯一两个错误并不是世界末日，只要你愿意舍弃自我，选择诚实正直，就能够证明什么才是最重要的。

其他重要事项

曾经有一段时间，洛克希德·马丁航空公司的一些员工错误地认为他们的首席执行官戴恩·汉考克只追求形象，觉得他更关心如何给外界留下深刻印象，而不关注员工的需求，也不倾听他们的意见。

有一天，当戴恩召开员工反馈会议时，情况发生了变化。预期90分钟的会议刚开始15分钟，他的秘书冲进来大声说道："王子提前两个小时到了。"

原本的计划是会议结束后再去觐见王子，讨论一笔价值数十亿美元的 F-16 战斗机的订单。戴恩停顿了一下。如果他取消会议，房间里的每个员工应该都会理解。但戴恩没有那么做，而是指派首席运营官去向王子致意并道歉。戴恩决定继续召开反馈会议而不是去觐见王子，短短几分钟的时间这一决定就传遍了这个拥有 13 000 人的大公司。戴恩没有像员工所认为的那样去处理优先事务（给外界留下深刻印象），他的这种做法使得他所倡导的倾听他人心声的价值观获得了巨大的可信度，并在很大程度上鼓励了他人也这样去做。

为变革创造社会支持的首要责任在于你自己的行动。只有你牺牲时间、金钱、自我和其他重要事项来证明你宣称的<u>重要之事</u>真的举足轻重，才能让一种新的关键行为看起来具有可信度。

获得正式领导者和意见领袖的支持

我们已经看到，一个人尤其是一个正式领导者，可以对激励他人践行关键行为产生巨大影响。如果你想影响变革，加入指挥系统至关重要。

聪明的领导者会花很多时间与正式领导者相处，以确保他们利用其社会影响力来鼓励践行关键行为。他们为正式领导者制订了具体的计划，让后者定期对人们进行教导、示范或表扬，要求人们以更好的新方式行事。

但还有一个群体，往往容易被忽视，他们公开的支持或反对会决定你的影响力能否发挥作用。为了了解这个群体以及获得他们的支持，我们来看看埃弗里特·罗杰斯博士的贡献。他在影响力理论上的研究具有重要意义，教会了所有的父母、教练和商业领袖如何利用社会支持。

罗杰斯获得了社会学与统计学的博士学位后，在当地大学的推广服务部门工作。他有责任鼓励艾奥瓦州的农民使用新的改良玉米品种。因为新品种产量更高，抗病性更强，因此比现有品种经济价值更大。这工作听起来非常容易吧？

起初，罗杰斯博士也以为事情会很容易。他已经仔细研究过农民应该种植的作物。现在他又是为农学专家工作。他想，自己说话时农民们肯定会仔细做记录，并感谢他帮助他们提高产量。

但事实并非如他所料。在向当地农民推荐好的新种子时，罗杰斯很快就意识到，他的教育背景和工作背景并没有让农民们觉得有什么了不起。他并没有与他们打成一片。

在农民眼里，罗杰斯博士不仅仅是与众不同，他简直就是格格不入。他从来都没有犁过地。当然，他说他读了很多书，但如果他弄错了怎么办？谁敢听一个刚出大学校门的年轻人的话，拿自己一年的收成去冒险？答案是没有人。

在被农民们拒绝后，罗杰斯感到有点绝望。如果没有人付诸实践，那么发明更好的方法有什么用呢？文明的进步依赖于公民放弃低效的旧方式，接受高效的新方式。况且，罗杰斯知道这些更好的方式是什么，至少对农民来说是大有裨益的。

如果大家不听罗杰斯的话，他该怎么办？他最后想到，也许可以让农民尝试接受新品种玉米。如果有一个农民能够相信新品种玉米会带来更好的结果，那么其他农民应该都会很乐意跟随。

罗杰斯找到了一个愿意尝试的人。这位农民思想开放，衣着时髦。他穿着百慕大短裤，开着凯迪拉克。他欣然接受创新。他试着种了新品种玉米，收获颇丰。但没人在乎。到了下一个播种季，没有第二个农民种植哪怕一英亩⊖的新品种玉米。

显然，这位愿意尝试的农民也是一个局外人，他无法在更广泛的群体中产生强大的影响力。

这场不折不扣的失败改变了罗杰斯的人生轨迹。他在后续的职业生涯中致力于研究创新在社会体系中传播时发生的变化。

⊖ 1 英亩 =0.405 公顷。

意见领袖与早期采纳者

罗杰斯博士震惊地意识到，一个想法的优点并不能保证其采用率。相反，一项创新能否被广泛接受，关键要看特定人群是否接受它。

罗杰斯发现，最早关注新思想的人在很多方面都与普通大众不一样。他把这些人称为"革新者"。他们就像那位敢为先的农民一样，是穿着百慕大短裤的人。他们往往更了解新思想，对其持开放态度。但重要的一点是，让大多数人践行关键行为的重点在于找出这些革新者，并像躲避瘟疫一样避开他们。因为如果只有他们愿意接受你的新想法，那么这个新想法毫不意外会消亡。

罗杰斯博士将第二类愿意尝试创新的人称为"早期采纳者"。许多早期采纳者也通常被称为"意见领袖"。这些重要人物约占总人口的13.5%。他们见多识广，对新想法持开放态度。但他们在一个关键方面与革新者不同，那就是他们人脉资源丰富，受到广泛尊重。在意见领袖采取新做法之前，别人（也就是超过85%的其他人）只会按兵不动。

当那位穿着百慕大短裤的农民使用新种子时，他实际上并没有帮到罗杰斯。这位同时开着凯迪拉克车的农民是位革新者，他是社区里第一个采纳新想法的人。但和许多革新者一样，他的尝试反而让人们对他所支持的新做法产生了怀疑。由于他在很多方面都与大多数同龄人明显不一样，而且所做的很多事情似乎都不太遵循传统，所以他成了一个危险迹象。他既不受尊重，也没有人脉。因此，不会有其他人跟随他采取新做法。

我们研究过的杰出领导者经常使用这种强大的影响力来源。例如，当唐·贝里克博士和 IHI 试图影响美国数十万医生的行为时，他们首先会与同业公会接触。所谓同业公会，是指医生信赖的联盟协会或研究团体。同业公会发话后，医生便会照做。

同样，如果不是借助村长或村里其他德高望重之人的权力，唐纳德·霍普金斯博士和他在卡特中心的团队绝不会考虑进入受几内亚蠕虫影响的村庄。这些正式领导者从不同群体或部族中间找出了备受尊敬之人，由后者向村民传授根除几内亚蠕虫病的关键行为，大家都会照做。

霍普金斯说："信息很重要，传达信息之人也同样重要。"

即使意见领袖不是现实中的人，他们也可能有着很大的影响力。比如，前文提及的坦桑尼亚广播剧中的主人公，就成了意见领袖。再比如，在印度的卢坦（Lutsaan）村，一个社区行动小组在听了广受欢迎的广播剧《幸福藏在小事之中》(*Tinka，Tinka Sukh*) 后，郑重承诺要让女孩接受教育。在这部令人感伤的广播剧中，一名深受听众喜爱的年轻女孩在被迫早婚后死于难产。听众们仿佛亲身经历了她的死亡，写了超过15万封信来表达感伤。听众们被这名年轻女孩的遭遇深深打动，在一张纪念逝去的女主人公的大型海报上，184名卢坦村村民都按上了拇指印，以示团结和支持。

阿尔温德·辛格尔博士受托对这部广播剧的效果进行研究，一位听众告诉他说："我肯定不会在女儿18岁之前把她嫁出去。在听《幸福藏在小事之中》之前，我曾想过要尽快把女儿嫁出去。但现在我不会了，我也让别人不要那么做。"

《幸福藏在小事之中》多次利用了意见领袖的影响力。它的每一集结尾都有一个尾声环节，在这个环节中会有一位来自周围社区的德高望重之人提出一些问题，呼吁采取行动，并鼓励公众发出自己的声音。

像意见领袖一样行事

在丹尼·迈耶管辖下的一家餐厅里，一位顾客问服务员在麦迪逊大道的什么地方可以买到上好的雪茄。服务员回应说，虽然这个问题他不知道，但他知道餐厅的一位员工刚刚从波多黎各回来，而且那位同事自己也有一个很棒的"储藏室"。

不一会儿，服务员和同事一起回来了，并赠送了顾客一支优质雪茄作为礼物，接着还逗留了一会儿，讲了一些卖雪茄那家人的趣事以及他们制作雪茄的有趣细节。

听说了这个"服务趣闻"，丹尼邀请这位技术高超的服务员担任导师。导师是从受人尊敬的意见领袖中挑选出来的，与新员工配对，教导他们关于联合广场酒店集团的价值观和行为规范。丹尼任用那些重要的意见领袖来鼓励使他的餐厅与众不同的关键行为。

回到企业界，我们来谈谈曾在迪拜看到过的那位意见领袖的不同凡响的案例。作为一家电信集团的首席执行官，乔蒂·德赛（Jyoti Desai）打算打破孤军奋战的局面，鼓励更多的业务部门开展合作。为了启动变革，她谨慎地确定了企业各个领域的意见领袖，并邀请他们与她的整个高管团队一起参加了为期三天的静修会。

静修会有一项安排是让高管团队（坐在房间前部）与意见领袖进行 90 分钟的坦诚交流。主题是："如果我们想让其他人真正地打破各自为政的局面，高管们需要改变什么行为？"反馈来得迅速而激烈。最后，高管们与意见领袖签订了一份"领导合同"，共同承诺要改变自身的六种行为。

最后，乔蒂和她的高管团队在列出了六种行为的挂图上一一签名。然后，她站在大家面前说："我们会做出这些改变。当我们做出这些改变时，我们可以指望你们把这种新的工作方式教给别人吗？"大家自发地热烈鼓掌。后面他们整个企业的行为变化十分引人注目。

乔蒂·德赛愿意在与意见领袖的坦诚交流中
牺牲自我，这为她迅速赢得了支持

埃弗里特·罗杰斯博士的发现有着巨大的影响力杠杆作用。当涉及创造变革时，你不要想着能同时影响每一个人。如果你要领导一家拥有 10 000 名员工的企业，你就去找 500 名左右的意见领袖，他们是影响其他人的关键。如果你只管 20 个人，那总有两三个人比其他人更具影响力。多花点时间和意见领袖们在一起，倾听他们的忧虑，与他们建立信任，对他们的想法持开放态度，依靠他们来传播你的想法，这样，你就会获得与其他人不同的影响力来源。

如何找到意见领袖

你无法决定是否接受意见领袖的帮助。既然他们叫"意见领袖"，那么他们就会永远参与其中。他们一直在观察和评判你的领导策略，这也是他们本该做的。然后，在与他人的非正式互动中，他们会对你的想法表示支持或反对。他们将发挥广泛的影响力，并决定你的策略的命运，无论你喜欢与否。

如果你打算在一个大型企业中找寻一些意见领袖，好消息是你会很容易找到。由于意见领袖是组织中最受钦佩、与他人联系最紧密的员工，因此你只需让人们列出他们认为最有影响力和最受尊重的员工名单，然后收集名单并确定名字最常出现的人。这些人就是意见领袖。知道了他们是谁之后，你就可以让他们加入、与他们合作，一起努力实现变革。

启用同伴问责制

任何变革的最大障碍之一就是不恰当的规范。当你觉得某种行为不恰当而其他人却认为正常的时候，你就会陷入困境。你可以使用其他所有影响力来源来对抗长期存在的规范，但除非你直接创建一套新规范，否则你创造变革的努力仍有可能失败。

但这也并非完全是坏事。一旦你创建了新规范，变革就不可避免了。那么，问题来了：如何创建新规范呢？

方法如下：

1. 让无法言说变成畅所欲言。
2. 建立百分之二百的问责制。

让无法言说变成畅所欲言

不恰当的规范背后几乎总能找到倡导沉默的文化。例如，在对美国、泰国、澳大利亚和英国的医疗保健行业进行多年研究后，我们发现了一个可怕的沉默准则。原本我们启动这项研究是为了找出数十万患者在医院感染的原因。[2]

当我们询问新生儿科护士和医生，感染为何会在新生儿病房的洁净环境中发生时，大家都会压低声音，左顾右盼，讲的内容也非常相似。首先来看看医生，他们常不按照既定的标准穿衣服、戴手套或者进行清洁。接下来是护士，给婴儿进行静脉注射时，他们会在无菌手套上扎一个洞，露出指尖。护士这样做是有充分理由的，因为他们很难在一个能被托在掌心的婴儿身上找到静脉血管。但是露出手指违反了安全规定，有时也会将感染传播给易受伤害的婴儿。

这家医院的问题不仅仅在于某个医生或者护士违反了规定。更重要的问题是，当同事违反卫生、安全或任何其他规定时，人们共同选择了闭口不言，因为现有的规范就是要求保持沉默。这表明，对权力者（如医生或护士长）的服从比对患者的保护更为重要。

在改变规范之前，医院里的任何行为都不会发生改变。畅所欲言必须变得像穿手术服一样稀松平常。

多年来，我们在各种你所能想象到的组织中进行了探索，发现了同样的沉默准则，它充斥在企业和政府部门的各个角落里，滋养着不恰当的行为。我们曾对项目管理进行了一项国际研究，探讨了重大高风险项目、计划和方案的高失败率，下面我们便以此为例。

从一开始我们就知道，绝大多数的产品发布、重组、合并和改进举措要么一败涂地，要么令人大失所望。大约90%的大型项目都无法做到完全符合进度计划、预算或质量标准。

因此，我们开始寻找这些令人尴尬的结果背后的原因。我们发现，在调查的人中，88%的人目前正在从事他们预测最终会失败的项目或方案，但他们仍在奋力前行。

　　然后我们又了解到更深层的理由：只有不到十分之一的受访者表示，公开谈论问题在政治上是可行的。大多数人认为，赞助不得力、限制不合理或团队不尽心等问题最终会扼杀他们的努力，但他们同时也表明，没有人（包括项目经理自己）能将这些问题公之于众。

　　改变规范的第一步是打破始终维持现状的沉默准则。当你让无法言说之事变得可以畅所欲言时，你就是在借助社会影响力的力量顺势而为，而不是与其针锋相对。公共话题的改变必须先于行为的改变。

　　为了弄清楚如何迈出创建新规范的第一步，我们先回到印度的卢坦村，重新审视广播剧《幸福藏在小事之中》影响公众舆论的机制。尽管村民们面临的不是医院感染或一败涂地的项目，但他们确实遭遇了一种强大的社会规范，这给他们许多人都带来了巨大的痛苦，而且他们的问题完全无法宣之于口。

　　村民们从对缺乏教育和早婚保持沉默，到公开承诺做出改变。是什么导致了规范发生如此巨大的变化？

　　根据阿尔温德·辛格尔博士的说法，该节目的力量源于它把一个无法言说的话题强行变为公共话题。长久以来的观念突然在每个角落、工作站和商店受到质疑和讨论，并最终得到重塑。

　　在剧集播出之前，数百万人向自己的朋友、孩子和同事施加压力，要求他们继续遵循过去的传统。这是同伴压力到达巅峰的时刻。有些人本已改变了对待年轻女性的方式，但难以分享自己的观点，因为那样可能会受到公开的嘲笑。许多人对这个传统并不确定，希望能够好好探讨一番，但再一次徒劳无功。

领导者将故事的力量（间接体验）运用到这个问题上。他们没有宣扬传统对女孩施加的罪恶，因为众所周知口头劝说通常会起反作用。但他们也并未退缩。他们创作了一部广播剧，剧中那些讨人喜欢的角色在私密的家庭环境中谈论社会问题，而听众们则在广播前聆听。这个受人喜爱的家庭讨论了传统的利弊。在每一集的结尾，都有一位德高望重之人出来提一些问题。

这部广播剧里的家庭经历了一场悲剧后，家庭成员之间开始敞开心扉。他们的故事引发了听众们的思考，促使他们与朋友、同事、邻居和家人谈论这些问题。结果，无法言说之事变得可以畅所欲言了，而几个世纪以来一直深藏着的黑暗也在公共话题中消失殆尽了。

我们已然发现同样的策略在重塑组织规范方面发挥了作用。例如，在一家世界知名的学术型医院里，领导们正在努力让杰出医生加入到提高患者护理质量的行动中去。那些技艺高超的医生似乎更专注于研究病症，而不太关心治疗患者。当然，没有人会公开承认这一点。

在一个周末，当我们把收集到的 50 个病人的悲惨故事交给首席医疗官后，一切都变了。她后来告诉我们："那个周五晚上，我回家后给自己倒了一杯酒，然后坐在椅子上开始看第一个故事。3 个小时后我看完了 50 个故事，心中百感交集。"

从接下来的周一早上开始，以前无法言说之事开始被广泛讨论。人们开始分享、阅读和研究那些故事。以前只能窃窃私语的话题，现在得以公开讨论了。当首席医疗官打破沉默准则时，她那曾经自鸣得意的组织就向前迈出了改变的第一步。

如果你想改变旧规范，你就必须谈论它。你也必须谈论新规范。你必须谈。

建立百分之二百的问责制

变革的速度取决于你让每个人都承担责任的速度。无论是通过鼓励正确行为、直面错误行为，还是两者的结合，新规范的力量都取决于人们是否愿意发声并坚决捍卫它们。

没有人比戴夫·迪罗谢更了解这一点，也没有人比他更能说明这一点。现在是另岸学院的假期，盐湖城校区的 150 名学生全部聚集在一间活动室里，他们轻松地嬉笑打闹着。屋子里弥漫着激动的气氛。毕竟，今天是毕业典礼日。也就是说，一些学生即将晋升到需要承担更多责任的职位，而另一些学生则要换一份新工作。年龄较小的学生可能已经准备好脱离新生的身份，因为他们已经完成了基本的技能训练。他们的这一成就并不亚于即将成为高级领导者的人所取得的成绩。

学生们坐在屋里，等待着毕业典礼的开始。那些以前没有参加过典礼的人看起来非常不自在。他们知道自己会在数百名同伴和观礼宾客面前被喊起来，他们不知道如何应对那一时刻。后来，听到自己的名字被叫到，他们站了起来，并领取了一件象征二年级学生的清爽的绿色 T 恤和一双崭新的漂亮网球鞋。他们得知，自己表现良好，现在被分配到了食品服务部门。祝贺他们！

托丽·迪克森（Tori Dixon）是另岸学院的一名学生，
因学会了让他人承担责任而成为一名领导者

突然间，这些新生听到了一种声音，是每个人都为他们热烈庆贺的掌声。他们之前从未得到过掌声。

迪罗谢说道："这是最美妙的时刻。他们在流泪。人们在鼓掌。你看那个身形庞大的家伙居然手足无措，因为他感到很不自在。这真是世界上最美好的事情。"

这是怎么回事？迪罗谢明白如何才能在头号敌人面前占据上风。学生以前的那些非法、不道德和反社会的行为背后存在着一个强大的社会体系，因为罪犯都是成群结队的。另岸学院要求每个新生都有截然不同的健康行为，这需要一个更为强大的社会体系。而这恰恰是迪罗谢给予大家的。另岸学院让学生浸润在一种由健康期望组成的全新文化中。

学院的关键行为之一是"百分之二百的问责制"，让人人互相挑战。这就意味着，从第一天起，学生就会持续受到社会赞扬或社会惩罚。迪罗谢煞费苦心地将积极和消极的同伴反馈融入日常生活的每一刻。由于那些反馈来自于过着同样生活的同学，因此新生们很难视而不见。

从第一天起，那些来自监狱或街头的人就会被告知，他们必须按照要求完成三件事：纠正他人、传递信息和玩游戏。首先，"纠正他人"是指对他人进行口头纠正。每个学生都应该对他们认为违反规范的人进行简短的口头纠正。其次，他们必须按照指示"传递信息"，也就是说在被他人纠正或纠正了他人之后，他们要通知自己的直接主管（另岸学院里的一位年长的同辈领导）。最后，他们每周两次"玩游戏"。玩游戏指的是一个时长两小时的小组反馈活动，学生们可以更详细地相互表达他们的担忧。他们也借机练习坦诚相待，帮助彼此认识并克服自己在道德上的弱点。

例如，在最近的一次游戏中，一名女生告诉一名男生说她讨厌他盯着学校里的女人看。男生的脸顿时涨得通红，并竭力否认，但其他人也那么说。游戏结束时他满脸羞愧，对自己的行为更加谨慎了。还有一名学生指出，当其他人都在搬沉重的家具时，队友却只搬轻巧的枕头。后来那名队友下定决心付出更多努力。很多人在游戏中从同伴那里得到了涉及撒谎、孤立、粗暴和偏执等方面的劝导。

考虑到参与者的背景，这些游戏中复杂的道德思考不仅让人刮目相看，也让参与者自感谦卑。新生此刻简直像受到公开鞭笞那般震撼，因为他们发现，另岸学院的规范不是墙上的口号，而是对另岸学院内每一个人的殷切期望。社会规范变化的快慢不是由时间决定的，而是由违背规范后同辈之人发声的速度决定的。

这就是另岸学院成功的秘诀：确保每个人都明白，他们不仅要百分之百地负责，还要百分之二百地负责。

你要创造一个环境，不仅要让每个人对自己的关键行为负责，而且要让他人对那些行为负责。

新的规范在人们捍卫它们的那一刻开始落地生根。当绝大部分人实行百分之二百的问责制时，变革就是板上钉钉的事了。

总结：社会动力

德高望重且有人脉的人可以对任何变革努力施加巨大的影响。在气氛紧张和模棱两可的情况下，一个受人尊敬的大人物只需轻轻一瞥，就足以影响人们使其按新方式行事。

1. **社会影响力始于你自己**。当某个关键行为难以践行或不受欢迎时，你必须以身作则。你不能只说空话，你必须身体力行。人们不太可能相信你的话，除非你表现出愿意牺牲旧价值观来换取新价值观。在要求人们承担类似的风险之前，你需要通过牺牲时间、金钱、自我和其他重要事项来给出实实在在的证据。

2. **获得正式领导者和意见领袖的支持**。你还需要获得与你试图影响之人有直接联系的人的支持。正式领导者和意见领袖的支持使人们能够安然接受创新。因此，你必须学会识别这些重要人物并与之合作。

3. 启用同伴问责制。最后，有时变革需要改变广泛共享的规范。不讨论规范，就无法改变规范。因此，首先，要确保人们能够安全地谈论高风险和有争议的话题；其次，为了创建新的规范，让人人都互相承担责任，你必须启用一个广泛共享的百分之二百的同伴问责制，让每个人不仅有责任实践新的关键行为，而且也有责任向其他人传达明确的期望。

社会影响力，来源于对被接受、被尊重、与他人建立联系的强烈愿望，是所有影响力来源中最为重要的。学会利用社会影响力，你几乎可以改变任何事情。

几十年的社会心理学实验清楚地表明：我们不可避免地会受到周围人的影响。我们天生会向他人寻求肯定、信息、灵感和归属感。伟大的领导者不仅"言行一致"，而且还会确保他们影响之人能够得到周围人的赞扬、情感支持和鼓励。

第六章

提 供 帮 助

第四种来源：社会能力

我们周围的人构成了我们生活中的"社会资本"，
即帮助我们超越个人极限的人力资源。

	动力	能力
个人	助人热爱 所憎之物	助人做力有 不逮之事
社会	提供鼓励	**提供帮助**
结构	带有关爱地奖励	改变环境

正如前一章所述，我们的大多数行为都比我们许多人所想象的更容易受到他人的影响。这就是为什么伟大的领导者会确保他们想要影响之人能够得到足够的赞扬、情感支持和鼓励来践行关键行为。但仅仅有鼓励是不够的。给予一个表达支持的微笑当然不错，但当人们需要许可、信息、指导或实际帮助时，友好地点点头并不能解决问题。此时，你需要借助第四种来源，即社会能力。

示例：基层创业中的社会能力参与

本章将以穆罕默德·尤努斯（Muhammad Yunus）的案例开始。他是我们所见过的最杰出的领导者之一。他的影响力波及全球数亿人，其中一位名叫塔妮卡，我们首先来看看她的情况。

在印度中部的一个小村庄中，我们在一栋整洁的铁皮屋顶建筑里，发现了围坐一圈的五位女性：塔妮卡、卡玛拉、达米尼、佩亚尔和桑库尔。她们正在参加有生以来最为重要的一次会议。她们苦恼于不知该利用当地已开展小额信贷业务的格莱珉银行（Grameen Bank）所提供的小额贷款做点什么生意。

五位女性中没有一人在外工作过，也没有谁上过一堂商业课，她们的丈夫或前夫在照顾家庭方面几乎没出过任何力。没有人会告诉这五位女性到底该做点什么生意，她们得自己做主。

今天，围坐一圈的女性会说说她们对生意计划的看法。塔妮卡迫不及待地想开始工作，因为她和方圆几百千米内的许多女性一样，都生活在难以忍受的赤贫之中。

塔妮卡腼腆地笑着打开了话头："或许我可以像我的朋友查特里一样做鸡蛋生意。"

"不行，"桑库尔解释道，"那么大的投入，需要向银行申请三到四笔贷款。我们得想点小生意。"

塔妮卡若有所思地点了点头，然后转身说："我表姐米塔利租了个小货车，买卖做得不错。"

桑库尔再一次出言纠正："那需要更大的投资。你表姐花了五年多的时间才租了一辆小货车。我们刚开始，必须从小处入手。"

"爆米花怎么样？"另一位女士建议道，"那花费不多，而且我听说附近村庄的许多妇女现在在这方面都做得很好。"

"这就是问题所在，"达米尼说，"从事这一行的人太多了，利润可能会下降。"

曾经有一段时间，塔妮卡在考虑要不要退出这个小圈子。但每当她想起最近几周的生活状况时，继续待在圈子里的决心就会变得更加坚定。三个月前，她丈夫以远低于预期的价格卖掉了水稻，然后把气撒在她身上。一天晚上，他回到家，嘴里骂骂咧咧，对她拳打脚踢，说她把他拖穷了，还说她长得丑，最后还把她和三个女儿扫地出门。

在她所在的村庄，一般情况下，离婚对塔妮卡和她的孩子来说无异于被宣判了死刑。但这次情况不一般。一天，当塔妮卡忧心家人的下一顿饭在哪里时，邻居桑库尔告诉她，有一群来自城市的人会借钱给她们这样的女性，帮助她们创业。第一次去当面了解了一些信息后，塔妮卡心里燃起了一抹令人沉醉的希望。但很快，她熟悉的恐惧感和羞耻感又回来了。正是因为桑库尔一遍遍地提醒她，如果没有贷款，她的未来可能会是什么样子，她才没有放弃。

安静了一会儿后，塔妮卡再次说道："你们都知道，我之前从当地理发店收集头发，然后做成假发赚了点钱。"

"是的，你的假发做得很漂亮，"桑库尔回应道，"但你无法靠它赚钱养家。"一场无情的小雨开始在铁皮屋顶上噼里啪啦地拍打起来，塔妮卡继续说着她那刚刚成形的想法。

"你说得对，我不能指望做假发赚钱养家。但我知道有一家公司会买头发，然后用来制作健康产品。我在想，如果我能找到收集头发的新方法，或许可以和那家公司合作，赚钱养家。"

"你打算怎么做？"佩亚尔问道，她是五位要做生意的女性中最内向的一位。

达米尼表示支持："我愿意把掉落在梳子上的头发给你。反正那些头发对我来说也没用。"

"我也给你，"卡玛拉插话道，"我们还可以让邻居们都给你。"

塔妮卡神色松快了不少。她觉得自己攒足了勇气，于是提出了自己最疯狂的想法："我在想，我是不是可以雇人从周围的社区收集头发。"

"可以，"桑库尔表示同意，"但你要怎么付钱呢？"

卡玛拉提议说："雇小孩吧。你不必付太多钱，收集头发小孩也能做。"

"用玩具！"达米尼喊道，"买一批便宜的塑料玩具，送给帮你收集头发的小孩。这样你就算是免费得到了头发，卖头发的钱几乎全是利润。"

对最初的想法进行了最后补充之后，塔妮卡的商业计划书总算所有要素都齐备了。她获得了一笔价值20美元的贷款，并立即买了一袋便宜的塑料玩具。然后，就像一个打算创业的圣诞老人一样，塔妮卡带着她的一袋玩具从一个村庄走到另一个村庄。

塔妮卡向遇到的第一批孩子说道："如果你们能把妈妈和姐妹们梳子上的所有头发都拿给我，我可以让你们从袋子里挑选任何你们想要的玩具。"

可以用头发换玩具的消息传出后,这位不太像企业家的女性被孩子们淹没了。后来,塔妮卡卖掉了收集来的头发,偿还了贷款,还用剩余的资金扩大了生意。

一年后,塔妮卡雇用了数百名女性为她工作。她们在村庄里用玩具换头发,然后把头发卖给塔妮卡,塔妮卡再以合适的价格转手。塔妮卡成了一位坚强、独立的单身母亲,不必再为家人的下一顿饭而忧心忡忡。

为基层创业提供影响力

世界上有着数亿像塔妮卡这样的人,他们都未能通过斗争摆脱贫困,为什么偏偏她就能够成功呢?我们来讲讲诺贝尔奖获得者穆罕默德·尤努斯,正是他的领导力为塔妮卡的创业才华打开了成功的大门。

1972 年,尤努斯在美国拿到经济学博士学位后,决定返回祖国孟加拉国,成为一名大学教授。担任舒适的教职后,他震惊地发现,就在学校院墙外,数十万人正由于饥饿而濒临死亡。

穆罕默德·尤努斯指出，有时鼓励
新关键行为比慈善能更好地解决贫困问题

尤努斯目之所及，都是那些努力工作却仍无法获得体面收入的人。为了找到解决方案，他采访了邻村的 42 人。他们都觉得自己摆脱贫困面临的主要障碍是缺乏资本。

村里很少有人从事传统工作，因为根本没有这类工作机会。因此，大多数人都是个体经营户。如果他们没有属于自己的一小块土地，那就只能去开一家小型工艺品店，或者干点给别人提供服务的活。

为了进货，他们需要资金。一般只需几便士，但他们连这点小钱也拿不出来，只好向当地放高利贷者借钱，而高利贷者会收取超过 1000% 的利息。这么高的利息让每个做生意的人耗尽收入也偿还不了贷款，于是便永远陷入高额的债务循环。

尤努斯发现，一位制作漂亮手工凳子的女性因为每天缺乏 5 美分购买原料的资金而陷入了贫困。他惊呆了，仅仅 5 美分啊！

尤努斯觉得，如果他能帮助村民以合理的利率获得信贷，并帮助他们养成按时还款的习惯，他就能改善这些人的财务状况。他采访的 42 人加起来也只需要区区 27 美元来投资他们各自的生意。

尤努斯求助于当地银行，建议它们以市场利率向这 42 人提供贷款。但根本没人理睬。事实上，银行高管们都面带嘲笑地把他赶出了办公室。在他们眼里，没有抵押物，就没有贷款！

几年后，尤努斯告诉我们："一般情况下我的头一碰到枕头，几秒钟内我就睡着了。但那天晚上我躺在床上深感羞愧，因为我身处的这个社会居然无法向42 名身体健全、勤奋努力、有一技之长的劳动者提供27 美元的贷款以谋生。"

尤努斯博士创立了一家价值数十亿美元的银行和商业集团，名为格莱珉银行，它开创了一场革命，为世界各地数亿像塔妮卡这样的人提供了一种改善生活的方式。尤努斯取得的重要成就之一直观体现在小额信贷组织上，正是他所设立的小额信贷组织向塔妮卡提供了她在邻国印度所需的生意启动金。

让这个故事更加引人注目的是，尤努斯博士的方法不仅帮助了塔妮卡，还帮助了她的四个朋友，她们都做了点小生意并取得了成功。尤努斯博士帮助的每40个人中就有39个人获得成功！不错，约98%的借款人都全额偿还了贷款，并支付了利息！

但过于关注获得资本，就会看不到尤努斯影响力计划的另一部分亮点。尤努斯明白，单纯靠借贷并不能改变一个人的生活。塔妮卡必须养成全新的习惯，帮助她摆脱糟糕的现状。她需要学会与过去截然不同的说话、思考和计划方式。她不太可能独自完成这一戏剧性的转变。所以尤努斯给她的不仅仅是贷款，还有一个团队。

尤努斯博士不仅仅要求塔妮卡提交一份商业计划书供他审查，还要求她先找四个朋友，且每个人都要提交一份自己的计划书。她们每个人最终都将获得一笔贷款，但其他四人要为这笔债务共同签字担保！这意味着塔妮卡必须说服这四个朋友赞同她的生意点子。她必须先与她们齐心协力共同制订计划，再获得她们的大力支持。

当那些从未工作过、目前正努力维持基本生活的人被要求为新队友的借款提供担保以防业务失败时，你觉得她们会怎么做？她们只会尽自己所能地提供帮助。在热情高涨的团队成员的全力支持下，她们制订出了明智可行的计划。

帮助至关重要

在第五章中，我们了解到他人会深刻地影响着我们的动机。现在我们还要再加上两种社会影响力来源中的第二种，也就是社会能力。正如披头士乐队（Beatles）所唱的那样，当我们得到"朋友的一点帮助"时，我们更有可能实施新的关键行为。这些朋友为我们贡献了他们的智慧、他们的力量，甚至让我们能够利用没有他们就接触不到的资源。我们周围的人构成了我们生活的"社会资本"，也就是帮助我们超越个人局限的人力资源。

我们往往看不清自己在多大程度上受到他人的影响。包括塔妮卡在内的五个人，尽管她们个人商业头脑并不灵活，但她们团结协作，再加上对当地市场现实的深刻认识，最后塔妮卡还是找到了一个切实可行的生意点子。她们给予她社会许可，使她对自己的认识更清晰透彻，最终突破了自己的认知局限。

我们经常忽视为我们试图影响的人提供社会能力的必要性，因为我们没有意识到人类行为的社会复杂性。以饮食为例，人们很容易得出结论，认为饮食行为主要是由个人偏好和欲望调节的。但事实并非如此。例如，康奈尔大学（Cornell University）的研究人员发现，如果你和另一个人一起吃饭，你会比自己单独吃饭多吃 25%；如果你和四个或四个以上的人一起吃饭，你会比自己单独吃饭多吃 60% 以上！[1]

这种显著的差异在典型的集体午餐中尤为明显。举例来说，五个人一起吃饭，那就肯定意味着用餐时间更长。而吃饭的时间越长，你吃得势必就越多。吃饭时一个人向在座的其他人递装着面包的篮子时，他们很有可能就会拿出一块放在自己的盘子里。如果其他人点的菜的脂肪含量或热量比你通常点的高，你有可能也会点。要喝咖啡吗？要吃甜点吗？你点我就点。而且，大家是分摊付费，而不是各付各的！研究表明，每当在这种情况下，人们都会不自觉地购买（和食用）更多。[2]

我们再来看看工作场所的情况，比如，你想影响你的团队，让他们能直抒己见、畅所欲言。你希望他们更积极地参与，从而做出更好的决策和更团结的行动。除非你能够发挥关键的促进作用，否则你不太可能成功。

例如，团队会议时，在其他人各抒己见后，高层领导者再参与决议，这样才更加显示出坦诚。同样，如果领导者愿意公开承认自己做得不好的地方，那么其他人才更有可能敞开心扉。由于关键行为是由个人实施的，有时甚至是私下进行的，因此我们很容易忽视他人在其中所发挥的关键促进或阻碍作用。

就像尤努斯一样，有效的领导者在人们践行新关键行为时，会预见到他们可能需要的多种社会支持。他们会想方设法提供：

- 许可
- 榜样
- 帮助
- 指导

接下来，我们会逐一探讨这几个方面。

提供许可

将第四种来源社会能力与第三种来源社会动力区分开，这很难做到。每当你向某人提供帮助时，你同时也在提供鼓励。你本质上是在表达："我希望你这么做。"比如，塔妮卡的团队成员帮助她集思广益制订商业计划，她们的行为让她获得了社会许可，获得了相比之前压抑的婚姻和家庭而言更重要的社会地位。

但是有些时候，如果你想让人们打破旧的社会规范，那么作为领导者你就必须提供正式的许可。成功的关键可能在于让正式领导者参与进来，帮助他人打破不成文的规则，不然这些规则还是会束缚他们的行为。

我们来看看杰斯的故事。此时此刻，他正汗流浃背，仿佛在奥运会比赛中打了一场拳击。那是因为他要开口说谎了，他担心自己的谎言会被识破。当杰西开始说话时，恐慌让他如鲠在喉。假装咳嗽了几声之后，杰斯终于撒了一个大谎，这个谎最终肯定会给他带来麻烦。

"没问题，"杰斯喃喃道，"我们正在向目标迈进。"

杰斯并不是会议上唯一撒谎的人。参加这次产品开发会议的每个人都在夸大事实。事实上，在杰斯所在的1500人软件开发小组中，谎报准备进度的情况非常普遍，杰斯和他的同事还就此给它起了一个特别的名字，叫"项目胆小鬼游戏"。

游戏的玩法是这样的。你说你已经完成了某个项目中你该做的事情，但实际上你还没有，于是你寄希望于其他人会承认他们需要延长最后期限。第一个因为害怕而说出"我需要更多的时间"的人就是胆小鬼。就像在公路上玩比拼胆量的游戏一样，一旦有人转向避让，其他人就安全了。其他人都将摆脱困境，因为他们也会因最后期限延长而受益，而且还不必承认是自己的问题。

在这次会议上，在座的大多数团队领导和杰斯一样，都处于危险的落后状态。然而，他们中没有人承认这一点。这一次，没有人转向避让，于是最后期限没有延长。在他们共同撒的谎言之下，一个重要产品的发布可以预见地将以灾难告终。当我们刚开始与这家公司合作时，它正处于破产的边缘。它已经好几年没有如期发布产品了。而当该公司最终发布产品时，预算通常已经翻了一倍。员工士气空前低落，因此公司正不断流失大量才能卓绝的员工。

新上任的开发副总裁迈克的任务就是扭转这种局面。他已经明确了自己必须影响的关键行为。他知道，如果他能找到一种方法来激励并促使公司上下尽早开诚布公地谈论问题，那么公司在提高员工士气、降低成本、控制进度等方面就能取得较大进展。

我们第一次见到迈克时，他已经尝试了好几种策略。他组织了培训，确定了意见领袖，并请他们帮助推动变革，他甚至开展了一个匿名调查来评估行为是否正在改变。尽管如此，还是很少有人挺身而出。随着时间的推移，迈克逐渐意识到杰斯和他的同事们并不是个别现象。在经理、董事和副总裁们的层层压力下，为了面上好看而撒谎变得习以为常。这不仅仅是一种习惯，更是成了一种规范。很少有人做出改变，因为很少有人觉得他们获得了真正的许可去打破这种规范。

因此，迈克在寻找一种方法，使管理者可以做到接受手下的员工带来坏消息，而员工不必担惊受怕。在一次高级员工会议上，他要求每一位高层领导去教授以前由专业培训师教授的沟通课程。他知道，在这种情况下，谁教授与学什么一样重要。

每两周，杰斯的那位之前对畅所欲言态度模糊的经理就要讲授两小时课，内容是如何大胆地谈论项目风险。

在前两次课上，杰斯带着消极和怀疑的态度听。到了第三次课，他开始考虑经理的鼓励可能是出于真心，所以他尝试了一下。他委婉地提出了在客户承诺方面的风险。受制于教师的角色，这位经理一板一眼地做出了回应，承认了杰斯的坦率，并对提出的问题予以了充分的考虑。

在第六次课上，杰西的许多同事都开始敞开心扉。几个月内，强大的新规范形成了，迈克所倡导的面对压力也要坦诚的这种关键行为蔚然成风。不到一年，该公司就按计划发布了两款产品且未超预算，员工士气空前高涨。

当正式领导者维持着旧习惯时，想要发生改变，这位正式领导者必须成为解决方案的一部分。让他们担任教学角色是一种有效的方式，可以确保人们不仅受到鼓励（第三种来源），而且能够（第四种来源）实施新的关键行为。当领导者进行教学时，他们就在无形中提供了正式许可，使其他人能够以新的方式行事。

提供榜样

有时，人们通过榜样，来看看新行为在现实世界中到底是什么样子的。人们需要与自己相似的人以可信的方式将行为付诸实践。

另岸学院有一条神圣不可侵犯的规则，就是说实话。老生会告诉新生："一旦你开始撒谎，你就停止了成长。"当你撒谎时，你就会切断与学院里其他人的真正联系。而这种联系是你学会在一个健康的社区中过新生活的唯一希望。

尽管有这些告诫在先，但一个名叫卡德的学生还是撒谎了。在最初的面谈中，有人问他是否与学院里其他人交往过。他选择隐瞒自己与另外三名学生有感情纠葛和犯罪关系的事实。不管出于什么原因，他认为最安全的办法就是撒谎。他一辈子都在撒谎，所以他不觉得这一刻有什么不同。

但进入另岸学院六个月后，卡德开始有了不同的感受。一天，他看到与自己最要好的一个同学穿着黄色 T 恤。黄色 T 恤意味着学生有"合约"在身。合约是对那些犯下非常严重错误的人的一种约束形式，他们辜负了社区的信任。那些背着合约的人工作时间更长，以此来表达他们重新获得他人信任的愿望。

卡德走近朋友，问道："你为什么背上了合约？"

"我在初次面谈时撒了谎，"他的朋友回应道，"我厌倦了自己的生活中充满欺骗。我来这里是为了做一些不同的事情。所以我承认了自己的所作所为，现在我有一份为期两周的合约。"

那天晚上，卡德失眠了。第二天早上，卡德，这个曾经的小偷、瘾君子和骗子，决定是时候成为一个诚实的人了。他穿上黄色 T 恤，忍受了一个月的额外工作时间，自豪地表现出他对改变的承诺。

卡德已经保守了几个月的秘密，本打算永远保守下去，但他遇到了一个颇有说服力的榜样，这个榜样让他做出了巨大牺牲来重拾诚信。

榜样如何解决企业危机

让意见领袖（见第五章）参与影响力尝试的最重要原因之一，是他们展示出了最可信的榜样的力量。例如，美容用品公司雅涛（Alberto Culver）的前总裁卡罗尔·伯尼克（Carol Bernick）经过仔细考虑后指出，拯救陷入困境的公司不能仅仅依靠一些新的畅销产品，而是需要让成千上万的员工参与质疑和改善企业的方方面面。

雅涛（在被联合利华收购之前）发生传奇式转变的关键在于，从整个企业里经过精心挑选的 70 位意见领袖发挥了至关重要的作用。几个月来，伯尼克花了大量时间与他们在一起，倾听他们的忧虑，征求他们的意见，赢得他们的信任。然后，她请有意愿的人担任增长发展领导者（GDL），并要求他们让听其号召的员工更积极地参与公司事务。

例如，伯尼克经常鼓励 GDL 带上他们挑选的同事与自己一起参加特别会议。在那里，同事们将见证 GDL 和总裁之间的坦诚交流，这样他们也会将类似的交流模式带回到团队中去。[3]

同伴互助拯救生命

在"希望小队"（Hope Squad）这个同伴互助式预防自杀的项目中，有影响力的榜样一直是拯救生命的关键。格雷格·赫德纳尔（Greg Hudnall）之前是一所公立学校的校长，在一些学生自杀身亡后，他开始投身于拯救生命的事业。转折点是当地一名四年级学生在校旁公园自杀的事件。悲剧发生的那一天仿佛没有尽头。凌晨 1 点 30 分，在与警察、学生、老师和悲痛欲绝的家人一起度过了痛苦的几个小时后，赫德纳尔

博士回到车里，悲痛欲绝，他暗暗下定决心："我一定要尽我所能，防止其他孩子再轻生。"⁴

几年后，在美国 43 个州、加拿大和其他国家的 1600 多所学校里都能找到希望小队的身影。这些小队背后的驱动因素之一是，父母和老师有时是最后才知道孩子处于危险之中的人。因此，必须让孩子们自己参与到改变中来。赫德纳尔博士的首要目标是培养一种关键行为，让同学们练习 QPR 模式，即：

- 询问（当你看到引起担忧的信号时，建立对话）。
- 说服（敦促那些身处困境之人寻求帮助）。
- 推荐（主动给他们提供资源）。

希望小队通过吸引学生意见领袖加入来对抗学生自杀

为了使这种模式发挥作用，赫德纳尔首先确定了意见领袖。他询问了学校里的学生如果需要帮助或倾听，他们会求助于谁。那些最常被提及的人被邀请加入希望小队并接受特殊培训。

如今，一支由 45 000 名学生意见领袖组成的救援队伍负责为其他学生树立榜样以预防自杀。举个例子，一名希望小队的学生注意到另一名学生今天过得很艰难。他甚至不认识这个男孩，但他可以看出有什么不对劲。放学后他给这个男孩打电话，邀请男孩和其他朋友一起去逛商场，这样他就可以创造机会来问这个男孩一些问题。在最初的犹豫之后，男孩坦白说自己已经把父亲放在家里的枪上了膛，准备用它来结束自己的生命。他们还在商场时，男孩的父亲回到家，发现桌子上放着上了膛的枪，于是介入进来，为儿子寻求帮助。如今，这个男孩过得不错。

这些同伴榜样带来的充满关爱的干预有着非凡的影响力，让数千名学生得到了及时的帮助，其中还有许多学生在实施自残计划之前就得到了医院的救治。

在大多数社区中，只有在意见领袖塑造新行为时，文化才会发生变化。

提供帮助

有时，人们需要的不仅仅是一个榜样或者简单的许可，他们还需要特定的帮助。这种帮助可能是一种工具、一些资源、正确的信息，抑或是实实在在的帮助。

让我们前往南非，看看加思·贾费特（Garth Japhet）的成就。贾费特选择医生作为自己职业生涯的开始，但后来误打误撞地在"心灵之城"（Soul City）担任了 16 年的首席执行官。"心灵之城"是南非一家致力于制止暴力侵害妇女行为的非营利性组织。在南非，针对妇女的暴力行为十分普遍。1/9 的女性一生中至少会被强奸一次。1/5 的女性在身体上或情感上受到伴侣的虐待。

贾费特博士最重要的见解之一，是指出这种暴力行为的系统性。它不仅仅是一个失控的家庭成员在家庭这个隐秘环境中做出的个别行为，而是一种由法律当局、父母、同辈、邻居、神职人员以及许多其他人共同维持的社会习惯。这种行为以各种深刻的方式被效仿、促成、传播和强化。因此，改变它也需要大规模的社会干预。如果每个人都在让这种行为持续，那么每个人都需要做出改变。

贾费特也明白，在南非许多人并不赞成这种虐待行为，其中有女性，也有男性。然而，这些人觉得无法施加足够的影响力来改变他们所鄙视的行为。举例来说，贾费特认为邻居可能无数次目睹或无意中听到可怕的虐待事件，但由于缺乏安全有效的干预方式，他们会觉得自己对此无能为力。因此，贾费特把一种在家庭中常见的东西转变成了一种推动社会变革的工具。他自己是这么说的：

> 在电视剧《心灵之城》中，我们特意塑造了一位备受尊敬的老师塔班，他多次虐待他那可爱的妻子马特拉卡拉。观众们，无论男性还是女性，很快就都觉得，马特拉卡拉不应该像旧时的女性那样受到虐待。她很讨人喜欢，很容易相处，是一个无辜的受害者。同样令人感到奇怪的是，塔班大多数时候都是一个通情达理的好人，和常人无异。

> 在其中一集里，邻居们听到塔班殴打可怜的马特拉卡拉，他们再也无法忍受了，所以他们决定让塔班知道他的行为大家都看在眼里。但是，他们怎么能让塔班明白这一点而又不过于唐突呢？他们怎么才能做到这一点而不让自己身处险境呢？

> 在关键的一集里，邻居们聚集在塔班的前门外，敲打锅碗瓢盆。他们一句话也不说，只是敲打着锅碗瓢盆。塔班感到很尴尬，从自己的房子里跑了出来。在接下来的几集里，我们看到他不想让耻辱之夜再次上演。为此，他开始想方设法为自己的无能和愤怒寻找更好的发泄方式。

加思·贾费特创造了一种新方式，

让人们能够在目睹女性遭受虐待时提供帮助

这部电视剧播放完后，南非各城镇的人们一听到邻居家虐待配偶的声音，就站在邻居家门口敲打锅碗瓢盆。他们所缺乏的并不是干预的动力，而是干预的能力。他们需要一种工具。意识到这一点后，贾费特并没有开展更多的讲座，而是提供了一种工具，使人们能够借此练习如何践行一种新行为。

像意见领袖一样行事

门罗创新公司的里奇·谢里登决定要（从上到下）重新设计员工开发软件的方式，他想确保个人不会感到孤军奋战、孤立无援，避免他们成为某些知识的唯一掌握者，于是变得不可或缺，以致无法安心休假。因此，里奇将代码编写人员分成两人一组，共用一台电脑。

起初，这种安排限制了每个人的发挥。人人都想掌握控制权，按照自己的方式写代码。很快，团队发现，通过一个人写代码、另一个人共同设计和旁观的方式，错误会很快被发现。之前修正错误（每个人都讨厌的事情）要占工作时间的40%，现在完全不用，因为错误当场就会得到修正。这种安排还减少了"知识孤岛"的发生。

现在，每项工作都有两名或两名以上的专家在做。里奇解释说："从那以后，我们再也不用驳回休假的申请了。"建立相互依赖的两人小组后，几乎每一项指标都得到了改善，包括员工士气。

在光谱健康医药有限公司（Spectrum Healthcare），提供帮助的是"紫衣人"（Purple People）。公司的医生和护士被要求不久后开始使用新的电子病历系统，许多人对此都深感焦虑。有些疲惫不堪的医生虽不是公司旗下直属医院的员工，但他们径直走向电脑开始操作新系统，摒弃了便笺纸和便笺簿。要不是他们，这项新举措肯定会失败。

明智的领导者并非简单地摆出需要使用新系统的多种理由（拯救生命啦！节省时间啦！）。相反，他们对整个公司的意见领袖进行了培训，让他们能去解决那些常见的问题。在使用新系统的第一周，这些意见领袖都穿着印有"紫衣人"的紫色 T 恤。员工和医生被告知，有问题就去找身着紫色 T 恤的人寻求帮助。新系统的推行堪称完美，48 小时内使用率高达 98%。

在我们研究过的所有领导者中，那些面临最大风险的人在关键时刻也会尽自己最大的努力提供帮助以推动变革。

我们所有人都有很难改变的行为习惯，一不留神就又回到过去的做法。寻求他人的帮助并不是软弱的表现，而是对现实的清醒认知。很多时候，我们往往无法独自完成改变。

提供指导

莎士比亚曾说："眼睛看不见自己，除非通过反射，借助其他事物。"有时，当人们努力践行新行为时，他们首先需要的帮助就是更准确地认识自己。接下来，他们需要的帮助才是正确地练习更好的新行为。换句话说，他们需要指导。

我们曾与劳伦共事，她是一位颇有抱负的高管，却被告知在工作中需要更多地"向前一步"。她的老板告诉她，她才华横溢却默默无闻。她接受了挑战，开始在会议上多发言，偶尔主动提出自己的见解。但她越是向前一步，她的可信度就越低。她在公开场合发表的言论并没有太大的说服力，也无甚实效。不太客气地说，她简直拥有一种不可思议的魔力，能让一群人都听得昏昏欲睡。

一位颇有见地的朋友给她提了两条建议，也改变了她的现状。劳伦知道自己要讲的东西，但不知道该如何呈现出来。所以她找了一位同事给她一些指导。在多个场合仔细观察了她的行为之后，朋友告诉她："语速再提高 10%。从结论开始讲起。"

劳伦很难听到自己给人的真实印象（语速缓慢、内容杂乱无章）的评价。但劳伦将朋友的指导付诸实践之后，就发现了不同，观众开始仔细聆听她的讲话。她的影响力越来越大，她在各种社交场合也越发自在。

劳伦需要的改变不是获取更多的动力，她需要的是得到指导。

像意见领袖一样行事

戴维·莱文（David Levin）和他在 KIPP 学校的同事们不仅仅想帮助 12.5 万名身陷困境的儿童考上大学。他们更想让这些孩子毕业之后开启灿烂未来，以此影响孩子们的行为。KIPP 33% 的大学毕业率维持了很多年，这简直是一个奇迹，因为那些身处类似困境但没有上过 KIPP 学校的孩子们的大学毕业率仅为 8.3%。莱文的团队用他们称作"学长学姐"的人员取代了学校的专业辅导员。学长学姐是刚从大学毕业的前 KIPP 学生。KIPP 为他们提供了最长两年的工作机会,工作内容是帮助比他们低几届的学弟学妹适应大学生活。从依赖专家到依赖意见领袖的转变带来了显著的进步,现在 KIPP 毕业生中有 45% 的人都取得了四年制大学学历。学长学姐不仅给予鼓励,还会分享自己辛苦积累的经验,比如如何应对分手、寻找实惠饮食以及如何选课等。

在泰国的指导

一位颇具影响力的领导者拯救了 500 多万人的生命,其中一个原因就是他提供了实时指导。20 世纪 80 年代初,威瓦特博士刚到泰国叻丕府时,艾滋病正肆虐横行、无法控制。作为当时卫生部的一名中层管理人员,威瓦特意识到,如果不加以改变,泰国的死亡率很快就会超过世界上其他任何地方。

他还意识到,鉴于当时没有疫苗,甚至没有有效的治疗方法,拯救生命的唯一希望是将这场危机视为一个社会科学问题,而不是医学问题。换句话说,要通过影响人们的行为去拯救生命。

威瓦特博士将本书前面所讲述的每一个原理都运用起来，埋头苦干。首先，他确保目标明确，即遏制艾滋病的传播。

他努力在全省范围内建立了可靠的衡量感染和死亡的方法。接下来，他研究了拯救生命的关键行为。他很快就清楚了，全国范围内发生新感染的主要途径是性交易。

在一个大多数男性都会偶尔进行性交易的国家，艾滋病的感染并不局限于共用针头的静脉注射吸毒者或有多个性伴侣的单身人士等几种特定群体。艾滋病病毒随着丈夫或者伴侣悄悄进入了这个国家的许多家庭里。

经过一番审慎的研究之后，威瓦特博士将注意力集中在一个影响成败的关键时刻。一名身世凄惨的年轻女子阿查拉，被镇上乌烟瘴气的三流酒吧老板用来提供性服务。一位外国游客看上了阿查拉，开始就服务与她讨价还价。在此过程中，她顺便提了一句必须使用避孕套。外国游客脸一红，要求她让步。她紧张地试图坚持自己的立场。这时，她发现老板也在关注着谈话。他朝她轻轻摇了摇头。阿查拉便不再坚持。外国游客提出给一笔可观的小费。但此刻，阿查拉面临着生死攸关的抉择。在泰国，这样的事情经常发生。

威瓦特博士意识到，每天在泰国成千上万个黑暗角落里不断上演着成千上万个此时此刻，而要遏制艾滋病传播就意味着要找到一种方法来影响这一时刻的决定。如果他失败了，那么像阿查拉这样的年轻女性，以及许多通过她们感染艾滋病病毒的人，将继续走向末路。

威瓦特为阿查拉和其他性工作者提供了践行关键行为所需的指导和许可，这是他影响力计划的一部分。他告诉我们："在这种环境中，女性在权力方面处于压倒性的劣势地位。如果我们不解决这个问题，她们就无法保护自己。"

因此，威瓦特将这一特定行业的经营者邀请到一个酒店宴会厅参加会议。许多人一开始对参加这样的公开会议感到十分紧张不安。为确保他们有足够的动机参加会议，威瓦特放话说，他们要么选择参加会议，要么面临被警方强制停业 30 天的处罚。最后他们都出现了。

会议议程简单明了。威瓦特既不纵容也不谴责他们的营生，只是敦促他们从今天起务必确保手下性工作者 100% 使用避孕套，同时更加关心手下性工作者的健康和福祉。他认为，如果所有性工作者都坚持相同的要求，那么对安全性的强调不会导致客户流失。大家都顺从地点点头。

威瓦特随后补充道，卫生部的"神秘顾客"将定期光顾他们的场所，并要求在不使用避孕套的情况下获得服务。如果某个场所的性工作者同意，那么该场所将被强行歇业 30 天。大家的头点得似乎更用力了。威瓦特希望通过这种干预措施，激励老板们赋予性工作者拒绝无保护措施性服务的权力。

接下来，他将致力于解决一个更难的问题，如何让年轻的性工作者与喝醉酒、性冲动的顾客保持界限，这些顾客往往会因为被女性拒绝而感到愤怒。第一步，让知道如何处理这些情况的前从业者为年轻女孩开授讲习班。讲习班负责人会确定每个场所中哪些人更善于抵抗压力，并争取获得他们的承诺，即会为压力很大、不太自信的员工提供指导和支持。年轻女孩与同事进行了对抗的刻意练习，当情况变得紧张时，那些同事会陪在年轻女孩身边。此外，年轻女孩也搞清楚了在困境中如果需要帮助，她们可以求助于哪些人。

这番举措下来，结果非常惊人。几天之内，避孕套的使用就已经成为常态，使用率从干预前的 14% 增加到 90%。正如预期的那样，新感染艾滋病病毒的人数急剧下降，并最终在几年内下降了 88%。虽然无法确定那些获救者的名字，但我们知道，举国上下都因那位了解影响力奥秘的领导者而受益匪浅。

社会关系的力量

在健康、职业、商业和生活方面，成败与否往往取决于他人所起的促进作用。例如，贫穷或富足不仅仅与个人能力有关，也因一个人早期得到的指导、点拨和社会关系而得到激励或抑制。

如今大量的在线社群涌现，它们提供着心理健康咨询服务、生活指导服务、戒瘾支持服务、编织技巧建议，甚至有的社群还会教人如何烹饪昆虫。英国电信公司的汤姆·博伊尔（Tom Boyle）创造了"网商"（network quotient，NQ）这个词来强调社会能力的重要性。他认为，从职业角度来看，如今一个人的网商比智商更为重要。

我们塑造的行为取决于我们周围的人。有效的领导者会确保在每一次影响积极变革的尝试中都融入社会支持。

总结：社会能力

不良行为往往由一个复杂的人际网络维系着，那些人不仅以身作则遵循旧规范，还指导和要求别人也同样遵循。有效的领导者认识到了这一点，并采取措施确保他们想要影响的人拥有打破旧规范所需的社会支持。具体来说，他们制订计划并提供了以下支持：

1. **许可**。那些拥有正式或非正式权力的人必须公开支持过去可能是禁忌的行为。

2. **榜样**。如果一张照片胜过千言万语，那么一个能展示关键行为的真人榜样就胜过世间所有言词。

3. **帮助**。当人们还没有掌握新行为时，他们就需要帮助。

4. **指导**。如果人们在最初尝试践行新行为后能即刻获得指导，他们会学习得更快。

颇具影响力的领导者都明白，社会能力对引发变革至关重要。

当我们试图养成新行为习惯时，我们依赖周围人的帮助。最有效的领导者一定会给予许可，树立正确的行为榜样，在需要时提供帮助，并为跟随他们的人提供实时指导。

第七章

带有关爱地奖励

第五种来源：结构动力

即使是很小的奖励，也能帮助人们做出极大的改变。

	动力	能力
个人	助人热爱所憎之物	助人做力有不逮之事
社会	提供鼓励	提供帮助
结构	带有关爱地奖励	改变环境

到目前为止，我们已经探究了个人影响力和社会影响力。现在，我们不再谈论人为因素，转而研究第五种来源——结构动力，即充分利用事物的力量，如奖励、津贴、奖金、薪资和偶尔对落后之人的惩罚等。大多数领导者自然而然都明白奖励可以与关键行为联系起来。他们完全相信激励措施能改变行为。但是，我们的建议可能会让大家大吃一惊。

利用结构动力时，你的目标不应该是迫使人们去改变，而应该是主要消除抑制因素，即"改变激励机制"。

大多数领导者都太过依赖激励措施，这样做的风险很大。因为如果不良行为根深蒂固，那么目前的机制很可能在无意中鼓励了不良行为。改变激励机制，也就是要确保积极和消极的激励措施不会破坏你试图传递的影响力信息。但真正推动变革的不是激励措施，而是第一种来源（个人动力）和第三种来源（社会动力）。

把外在激励放在第三位

善意的奖励却在不经意间产生适得其反的效果，这样的例子比比皆是。例如，有一家医院发现，若按照麻醉师为他负责的病人做了多少工作支付报酬，那

么当其他医生的病人需要帮助时，他们就不太愿意
介入。

我们再来看看苏联在激励措施方面所做的一些尝
试。能源部门为寻找石油储备而下拨的资金被大量浪
费，因为苏联工人的奖金是根据他们钻探的英尺数发
放的。而事实证明，钻很多浅洞要比钻几个深洞容易
得多。所以工人们并没有听从地质专家的建议去钻探
深洞以寻找石油储备，而是乐于一次又一次地在石油
储量很少的地表挖掘。毕竟，他们这样做能更轻松地
获得更多的报酬。[1]

我们认识的一位高管认为她的员工不具备应有的
革新精神，所以她制订了一个简单的建议征集计划。
她鼓励员工寻找增加收入或降低成本的方法，并承诺
对有价值的建议给予奖励。然而，员工提出改进建议
的意愿反而降低了。以前，他们偶尔还会提出一些建
议去改进工作。但现在，他们只愿意花时间去制定那
些可能给自己带来可观回报的提案。最终结果是，关
于改进的见解很少，关于谁因这些好点子而获得报酬
的意见很多。

这些计划失败的主要原因是，人们试图将奖励作
为首选的激励策略来影响变革。当谈到激励变革时，
有效的领导者会把奖励放在次要位置。他们首先确保
关键行为已经处于恰当的道德架构之中。人们践行新

行为的最好理由是因为他们觉得正确、有盖或有意义。他们个人很有动力。

接下来，他们会组织社会支持。他们要确保正式和非正式的领导者都在尽力将新行为转变为新规范。在这之后，他们才会考虑结构性奖励或惩罚的影响。

当人们没有出于正确的原因而试图去做正确的事情时，"胡萝卜加大棒"有可能产生让人意想不到的后果。

举例来说，在1973年的一项经典实验中，马克·莱珀（Mark Lepper）博士[2]发现，那些因为做了自己喜欢的事情而得到奖励的孩子开始不那么喜欢他们所做之事了。研究人员观察了幼儿在幼儿园玩玩具的情况，想要确定他们喜欢哪种玩具。接下来，研究人员告诉孩子们，他们每次玩自己最爱的玩具时都会得到一份最喜欢的零食。毫不奇怪，孩子们玩那个最爱的玩具的次数更多了，至少在能获得零食的情况下。然而当奖励被取消后，孩子们玩那个玩具的次数就少多了！

莱珀博士透露，如果一个人所做之事已经令他感到满足，再去奖励他做那件事的话，可能会适得其反。想一想其中蕴藏的深意。你想让你的女儿像你一样喜欢阅读。你注意到她已经开始这样做了，于是你决定强化她的这种行为。为了鼓励她，你采取了一项激励计划。每一次她自己挑一本书读，你就给她5美元。她喜欢这种激励，便开始读更多的书，然后把获得的奖励花在了一款新的电子游戏上。没过多久，她就有足够的钱买好几款新游戏了。

过了一段时间，你会认为你在阅读方面给予女儿的奖励已经足够，女儿应该已经沉浸于阅读本身的乐趣之中了。所以你不再进行激励。你的鼓励帮助你的女儿学会了阅读好书，这是毫无疑问的。

但你的计划最终未能达成预期目标。当你不再为鼓励女儿阅读而奖励她钱时，她就开始玩游戏，阅读量比一开始还要少。显然，她已经学会了如何赚钱去买游戏，而你尝试的激励计划并没有带来你想要的结果。她与上文提及的幼儿园的那些孩子一样，经历了同样的心理变化。

这种现象被称为"过度理由效应"。如果人们已经很享受某件事，那么激励措施可能会侵占他们从中所获得的内在快乐。人们会将他们的参与归因为激励而非内在快乐，就像职业运动员，巨额薪水导致他们失去了最初对运动本身的热爱。一旦取消奖励，人们就会认为这项活动没有之前以为的那么有趣了，所以他们参与这项活动的次数就减少了。

想一想我们从第一种来源个人动力中学到的：你的认知决定了你的感受。领导者所依赖的动力来源会影响其他人对活动的理解。如果领导者将一项活动视为对道德有益或是对愉悦的追求，那这就会促进他人将自己对活动的参与与深层次、可持续的原因联系起来。如果人们将其视为社会所需，他们也同样有可能参与其中。但过度依赖激励会导致人们与以前的道德和社会动力断联。

举例来说，以色列一家日托中心的领导者饱受折磨，试图利用激励措施来培养父母更加守时的行为。日托服务结束时，家长们应该在下午3:30及时接回孩子。但多数家长都会迟到5分钟、10分钟甚至15分钟，这对工作人员来说是极为不便的。某一天，工作人员宣布，今后父母每超时30分钟，将会被收取5美元的费用。你猜猜会发生什么？更重要的是，想想为什么会那样。

原本只有少数人迟到，这之后突然间迟到成为常态。越来越多的家长迟到。这是为什么呢？因为认知发生了改变。以前，家长们认为他们不能按时接送是一个道德问题（我承诺下午3:30到那里，但没做到）或社会交往问题（我不想让工作人员生我的气）。一旦明码标价，他们无意中就把它变成了一种经济上的计算。（30分钟高质量的保姆服务只要5美元？那整个周末你都负责照顾小孩吧！）

即使在产生内在影响力的时刻，把激励措施放在次要位置也会大有裨益。回想一下那位儿子因向汽车投掷水球而被警方拘留的父亲。他从警察局接走儿子后，一路沉默着开车回家。而当父亲终于要打破沉默时，他嘴里的第一句话就代表着父亲对儿子行为的认知。如果父亲一开口就说："你现在有大麻烦了!"他就是从激励机制（第五种来源）上看待这件事。父亲的潜台词是布莱恩应该会后悔自己的所作所为，因为它导致了外在的后果。如果他一开口就说："你让我们全家人都蒙羞!"他就是从社会交往（第三种来源）方面看待这件事。这关乎声誉、尊重和社会惩罚。幸运的是，在这种情况下，那位父亲选择了提供一个道德视角："想象一下，你开着一辆车，突然一个巨大的硬物撞到了你的挡风玻璃上，甚至可能把玻璃砸碎了。你会是什么感觉?"他鼓励儿子同情他们，把自己想象成被水球投中的司机（第一种来源）。

2020年3月，在时任华盛顿州州长杰伊·英斯利（Jay Inslee）举行的新闻发布会上，这种敏感性也得到了体现。在新冠疫情初期，华盛顿和世界许多其他地区一样，宣布了强制性的就地避难和口罩政策。英斯利在解释新政策时，一名记者提问："不遵守禁令的处罚是什么?"英斯利本可提及会有罚款或监禁（第五种来源）的可能。但他没有。他明白，变革的唯一可持续动力必须落脚在道德和社会方面。他回答说："惩罚就是，如果你不这样做，你可能会杀死你的爷爷。我没有开玩笑。条令……是为了让人们切实明白个人行为给社区带来的后果。"

杰伊·英斯利抵制住了诱惑，没有将道德选择转变为经济选择。

这并不是说激励措施不重要。它们很重要。但如果不具有明确的道德和社会方面的指向，它们更有可能引发混乱，而不是引领正向改变。

像意见领袖一样行事

我们曾向酒店服务行业专家丹尼·迈耶询问，他是如何利用激励措施来激励员工提供优秀的客户服务的。"我们很少采取激励措施，"他总结道，"但我们会把所有服务员的小费集中起来分配，别的地方也大都这样做。我们认为，创造卓越的客户体验需要整个团队的努力。小费不仅反映了个人的努力，也反映了整个团队的努力。然而，员工为客户提供服务不仅仅是为了获得小费。他们这样做一方面是因为他们喜欢，另一方面是因为他们也是倡导为客户提供优质服务的优秀文化中的一部分。"丹尼向我们展现了如何依靠第一种来源和第三种来源来完成领导者面临的艰巨工作。他的目标是确保第五种来源与他想要的结果和行为相匹配。

明智地使用激励措施

有效的领导者最终会诉诸奖励和惩罚。例如，如果你不偿还穆罕默德·尤努斯创建的格莱珉银行的贷款，那么你的借款人担保团体就必须替你偿还。而且你要记住，他们知道你家在哪里！

在抗击艾滋病的行动中，威瓦特博士为了引起特定行业经营者的注意，告诉他们如果无法保护自己的员工，那么就要承受相应的法律后果。如果非洲某村庄的一个人举报邻居没有正确过滤带有几内亚蠕虫幼虫的水，那么村领导就会奖励她一件好看的体恤（上面印有根除几内亚蠕虫病的标志）。

激励措施会有所帮助。所以，问题在于，你如何明智地使用它们？

首先，正如我们所学到的，要确保它们不会破坏个人动力和社会动力。接下来，我们来看看有效实施激励措施的另外三条指导原则：

- 从小处入手。
- 奖励行为，而非仅仅奖励结果。
- 慎用惩罚。

从小处入手

你不需要大费周章或采取成本高昂的激励措施。

即使是很小的奖励，也能帮助人们做出极大的改变。例如，约翰·霍普金斯医院针对酗酒患者进行了一项的研究。这些患者入院后，要做的事竟然是饮酒，但只能适量饮用。该项目旨在帮助那些与酗酒做斗争的人实现节制，而不是完全戒酒。

为了影响患者的行为，工作人员每天都会根据患者的饮酒量来决定他们的生活情况。如果他们饮酒过量，就会得到泥状食物，而不是正常的食物。同时，患者的饮酒量也会影响电话使用权限、探视时间等。与那些仅被告知个人饮酒量标准的对照组患者相比，实验受试者达到目标饮酒水平的可能性高出了 60%。

如果你很难相信简单的激励措施可以帮助患者摆脱酗酒的困扰，那么你会更诧异于它们居然可以帮助戒除像可卡因这样的成瘾性极强的事物。佛蒙特州行为与健康中心主任、心理学与精神病学教授史蒂芬·希金斯（Stephen Higgins）博士设想了一种奖励方法，作为门诊康复项目的激励措施。[3] 在这些康复项目中，患者必须每周提交三次尿液样本。希金斯的策略是，如果这三份样本的检测结果均为阴性，那么患者将获得一张奖金代金券，后续可以兑换研究人员提供的商品和服务。

就连希金斯自己都很诧异，"一堆代金券居然能战胜对可卡因的强烈欲望"。

当然，仅靠代金券并不足以让可卡因成瘾者完全戒瘾。所有六种影响力来源都是实现持久变革必不可少的。在与其他影响力来源的共同作用下，获得激励的患者中有90%顺利完成了为期12周的治疗计划，而没有获得激励的患者中只有65%完成了该计划。由此可见，长期效果也同样令人印象深刻。

哪怕是小激励措施都能对几乎所有人产生强大的激励作用，我们用行李标牌来说明这一点。如果你和世界各地的其他数百万旅行者一样，那么你就会在行李上挂一个闪亮的标牌来显示你的常旅客身份，仿佛那是诺贝尔奖牌一样。要大方承认这些惯常做法已经重塑了我们的行为方式，不必觉得尴尬。在这种措施施行早期，那些渴望提升身份地位的人甚至会在年底漫无目的地乘坐航班，只是为了确保他们"有资格"获得一个更高的常旅客排名。如今，由于消费也能累积积分，所以人们大都使用绑定了飞行常旅客信息的信用卡去购买他们能想到的一切，以确保自己能够获得积分和常旅客身份。我们对激励措施有反应吗？当然了！事实上，旅行者极其痴迷于最大限度地增加里程，以至于现在全球未使用的飞行常旅客里程的美元价值已经超过了美国经济中流通的全部现金价值。

需要补充的是，一些激励措施的内涵往往不只在于其经济价值。例如，当可卡因戒除项目的工作人员在分发代金券时,某些拿到代金券的人会感受到个人动力(我完成了一些事情!)和社会动力(工作人员尊重我)。飞行常旅客行李标牌是一种社会地位的彰显(大家看,我仿若一只金属信天翁!),也是能免费旅行的标志。这就是关键所在。切实有效的激励措施不需要力度很大,因为它们服务于三种来源,而不仅仅是一种。

举个例子,我们来看看一只包装精美的铜鹅是如何点燃数百名高薪高管的热情的。美国一家咨询公司决定为完成培训任务的高管提供奖励。计划很简单。高管们每周都会参加一个世界知名的培训项目,在该项目中,他们将被赋予特定的行为目标,以确保他们能将所学运用于实践之中。高管们完成行为目标后,就向培训师汇报。他们每完成一项任务都能获得相应的分数。总分达到某个数值后,他们会被公开赠予一只高 10 英寸(25.4 厘米)、零售价 10 美元的铜鹅。

高管们会研读长篇巨著,撰写案例分析报告,填写表格,并竭尽全力确保他们在截止时间前到培训师那里进行汇报。

重要的不是所得奖励的现金价值,而是所传达的象征意义激励了行为。正是道德和社会动力赋予了奖品极高的奖励价值。

另岸学院也使用了令人称道的适度的激励措施。

学生们很快就了解到，每取得一项新成就，他们就会
获得新的特权。他们的工作从单调乏味转向越来越复
杂、越来越有趣。作为奖励，他们可以把象征新生的
红色 T 恤换成象征二年级的绿色 T 恤。如果他们能继
续坚持，他们还得到象征三年级的蓝色 T 恤，最终
会得到令人垂涎的象征四年级的黑色 T 恤。最后，学
生们每月可以获得 50 美元的"零花钱"（WAM），并有
权去校外使用这笔钱。这些看似微不足道的激励措施
实际非常重要，学生们对自己的新 T 恤和随之而来的
岗位晋升都感到十分骄傲。

另岸学院的 T 恤颜色赋予学生强大的动力

接下来我们忍不住还要分享一个例子，进一步表
明小激励措施会产生巨大的影响力。在一个为陷入困
境的少女设立的集体之家里，管理人员注意到了一个

令人担忧的趋势：试图自杀的事件急剧增加。管理人员尝试了各种方法，从发表感人肺腑的演讲到组织小组讨论，再到寻求朋友和家人的帮助，但都无济于事。后来他们想出了一项激励措施：如果一个少女试图自杀，那么下周她将被剥夺看电视的权利。此后，试图自杀的事件骤降为零。

在此我们不深入探讨试图自杀与自杀姿态背后的复杂心理，以免偏离上述例子所反映的要点。我们可以发现，与关键行为直接相关的小激励措施可以在解决一些棘手问题时产生惊人的结果。激励的力度应恰到好处，不宜过大，否则可能因华而不实的经济诱惑（第五种来源）而削弱了个人动力（第一种来源）或社会动力（第三种来源）。

像意见领袖一样行事

一个露天采矿场使用了简单的激励措施来促进安全驾驶。矿场使用的巨型卡车配备了 GPS 系统，该系统可以测量速度、加速度和制动距离，以便在驾驶员做出不良驾驶行为后追究责任。以前驾驶员开车不小心，矿场曾发生过很多可怕的事故。如今，新的跟踪系统收集数据后将之整合，每天为每位驾驶员评估"危险驾驶分数"。驾驶员每五人一组，组内驾驶员的最低分数就是整个小组的分数。

　　每周得分最高的小组都会获得一些小奖品，如帽子、T恤和咖啡杯。这些奖品上印有"驾驶大师"的标志。采用这种简单的记分和奖励办法后，驾驶安全性得到了显著且快速的提高。

　　这一非常成功的激励措施利用了个人荣誉感（第一种来源）和来自同伴的压力（第三种来源）。它将小奖励（第五种来源）与其他来源相结合，促进了积极的变化。

奖励行为，而非仅仅奖励结果

　　在变革初期，新行为可能需要一段时间才能带来明显的成果改善，此时奖励可以发挥积极作用。在这种情况下，明智的做法是认可并奖励行为上的微小进步。

　　尽管这听起来很简单，但人们做得并不好，尤其是在工作中。民意调查显示，员工们怨言最大的就是他们的贡献得不到认可。人们的赞扬似乎是定量的，只能给予异常出色的工作。小小的改进则基本上不会有人对它说什么或做什么。每年的民意调查都表明了这样一个事实，即员工想得到更多的赞扬，但显然每年我们的所作所为都没有什么长进。

这很奇怪，因为实际上人们非常善于奖励他们年幼的孩子取得的点滴进步。一个婴儿发出近似"妈妈"的声音，家里人便会高兴得尖叫，然后挨个给亲戚打电话告诉他们这一重大消息，还会让孩子在提示下再表演一次。婴儿每支吾一声他们都会以同样的极大热情回应，就好像在他们的努力下婴儿背诵出了英国诗人鲁德亚德·吉卜林的《如果》一样。

然而，这种发现和奖励微小进步的能力会随着时间的推移而减弱，直到某一天，只有诺贝尔委员会打来电话才会引起人们的注意。最终，孩子们长大后去上班，届时"工作"和"好"这两个词似乎不允许放在一起说，至少员工民意调查是这么暗示的。研究人员和学者们都发自内心地认为，最好通过奖励不断进步来改善表现，而其他人则认为，只有取得重大成就才能激发热情。

有影响力的领导者会设法奖励不懈的努力，即使努力后取得的结果并不令人瞩目。举例来说，具有划时代意义的《改善》（*Kaizen*）一书引发了一场全球性的质量运动，作者今井正明强调了奖励努力而非结果的重要性。[4] 该书中讲述了一群服务员的故事，他们在松下的一家工厂里负责午餐时间的服务工作。服务员们注意到，员工们坐的位置、喝多少茶都有规律可循，很容易预测。所以他们没有在每一桌上都放上满满一壶茶，而是计算出每桌人需要的茶水量，从而将茶叶的消耗量减少了一半。

他们的建议为公司节省了多少钱呢？很少。然而，他们却获得了公司颁发的总裁金奖。可能其他人提供的建议节省了更大一笔钱（甚至是天文数字），但这一小小的建议正好反映了评委们心中关键行为的最佳践行方式。他们奖励的是过程，因为他们明白如果奖励人们的持续努力，那么最终结果自然而然会变好。

你奖励什么行为就会促使你获得什么行为。如果教练口头上谈论团队合作的重要性却表扬个人成就，那么孩子们很快就会明白，重要的是个人得分，而不是助攻，他们就不会再为了团队拼搏，只会为了自己出风头。再想想那些无意中让家庭成员成瘾的家人。他们言语上可能会说，"你真的不应该再这样做了"，但他们的行动却是，"你这样做，我们还是让你免费住在家里、使用我们的汽车，在你需要的时候保释你出狱"。其实，他们正在奖励他们声称想要改变的行为。

多年来，美国政客们一直为美国人储蓄率极低的事实而苦恼。有一段时间，他们羡慕地看着大洋另岸的日本公民，他们的人均储蓄率是美国的数倍。一些分析人士推测，日本人的性格有些不同，可能他们更愿意牺牲。但话说回来，这种差异可能源于激励措施。

例如，在美国，储蓄利息要纳税。但在日本则不然。而在美国，消费者的债务利息如信用卡和住房贷款的利息，是可以免税的。在日本则不然。也许两国人民比想象中的更为相似。

所以要注意。当行为出现偏差时，仔细看看你的奖励机制。说不定，就是你采取的激励措施导致了问题的出现。

像意见领袖一样行事

一家咨询公司请我们协助调查许多优秀顾问离职的原因。接手的第一天，我们应邀参加了当天举行的年度颁奖午宴。午宴上该公司以现金的形式表彰了"年度商旅达人"。这位"商旅达人"是当年公司出差最多的员工，贡献了最多咨询天数。

获胜者跳到舞台上，抓起他赢得的大额支票，宣布将用它买一辆高端保时捷汽车。这一奖励的确激励了很多人，但真实情况是：连续四年，这些获奖者在获奖当年就离开了公司，理由是要平衡工作与生活。

公司希望顾问们能留下来一起发展事业，然而公司所奖励的行为却加剧了工作与生活的失衡。

慎用惩罚

有时你没办法通过奖励积极的表现来激励他人，因为他们从来没有做过正确的事情。事实上，他们只会做错误的事情，而且经常做。在这种情况下，如果你想利用外在激励手段，你似乎只能去惩罚他们。幸运的是，惩罚与正强化属于同一类激励措施，所以它们也应该具有类似的效果。对吗？

也许并不是这样。在数百项针对实验动物和人类的实验中，研究人员发现，惩罚虽然能够降低先前强化过的行为再次出现的可能性，但只是暂时的。此外，它还可能产生其他你不希望产生的效果。

你或许能让对方服从，但也只是短期的。对方可能会有意抵制或故意反抗。而且，极有可能他会对惩罚感到不满，从而使你们的关系陷入僵局。

实施惩罚的准则是不能超过必要限度。其最有鞭策性的效果源于预期，而不是惩罚本身。如果可以，给出明确的威慑就足够了，让人们确切地明白，如果他们继续目前的所作所为将会有什么不好的后果，无须真正执行惩罚。光是威慑本身就足以鞭策他们远离错误的行为。

从惩罚威慑入手

北卡罗来纳州的警察给我们树立了榜样，示范了如何利用预期激励而非实际惩罚。[5] 一般而言，警察试图通过对目标区域实施积极的搜查和逮捕策略来减少犯罪。这种闪电战策略往往会激起公众的愤怒，引发社区对警务工作的抵制，而且很少能产生持久的影响。警察一转移到下一个地区，就会又有新面孔出现，坏人会再次横行霸道。

北卡罗来纳州当局采取了不同的"第二次机会"策略。刑事司法官员会邀请那些即将被逮捕的人参加罪犯通告会。地方检察官办公室承诺，在 90 分钟的会议期间，与会者不会被逮捕。当局会利用一切可以想象的影响力来源。

除了犯罪嫌疑人本人外，其朋友、家人和其他社区意见领袖也会共同出席这次会议，他们会纷纷劝说犯罪嫌疑人放弃自己的犯罪道路，去找份正经工作。接下来，政府官员会清楚地解析现行法律和违法后可能面临的后果：如果被抓住，很可能会受到怎样的惩处。在这种严肃正式的氛围下，前科犯会谈论他们目前在遵纪守法方面所做的努力。最后，公共机构的负责人会向犯罪嫌疑人解释，为了避免重蹈覆辙，他们可以做出哪些选择，包括就业项目以及如何报名参加。

这些"第二次机会"会议之所以如此有效，不仅因为它们使用了多种影响力来源，还因为这些会议具有极大的说服力，明确了犯罪嫌疑人会被定罪并将长期服刑。

　　会议的第一部分结束后，当局会邀请犯罪嫌疑人（此时他们可能对当局的自说自话感到厌倦）到另一个墙上贴着海报的房间。在每张海报下面，他们都会看到一张小桌子，上面放着一个活页夹。在会议开始前的几周内，警方已经收集到了证据，包括每位犯罪嫌疑人至少进行了一次的非法交易的视频片段。

　　进入这个房间时，每个犯罪嫌疑人都会被告知："去找到你自己的海报。"他们找到后，会发现海报上有一张他们进行非法交易的高分辨率照片。在桌上的活页夹里，他们还会看到警方打算用来起诉他们的所有案件证据。接下来，犯罪嫌疑人会被要求坐下来观看视频。这个时候，当地检察官就会说："看到自己犯下重罪的，请举手。"犯罪嫌疑人们一个接一个地举起了手。接下来，当局表示，他们已被列入一份特别名单，一旦被捕，他们将会被从严处置。

　　将这种策略与家人和朋友的支持以及就业项目相结合，取得了惊人的效果。在北卡罗来纳州的某些社区，轻微犯罪减少了35%；在实施该倡议的三个社区里，40名被指控的毒贩中有24人没有再触犯法律。

　　无须将人送进监狱也能给他们敲响警钟，这就是上述策略施行的结果。严厉、真实和直接的惩罚威慑，有助于消除潜在的犯罪行为。

为了提高可信度，当局从不虚张声势。他们请犯罪嫌疑人参加公开论坛，那些不来的人会立即被捕，并因视频里记录的罪行而被起诉。那些报名了就业项目但没有继续接受新工作培训或再次犯罪的人也会立即被捕。很快人们就纷纷议论，当局言必行，行必果。然后，威慑就变得更加有效了。

将惩罚作为最后手段

这里的含义应该很清楚。有些时候，你只能进行惩罚。光是警告或威慑已不够。你尝试过激励措施，施加过社会压力，甚至曾寄希望于个人价值观，但支持错误行为的影响力来源仍然占了上风。所以，是时候明智地运用惩罚了。

接下来我们要讲述的这个例子可能会让一些读者深受触动。我们之所以要讲它，是因为它清楚地反映了在迫切需要变革时，惩罚所起到的重要作用。我们来看看在埃塞俄比亚发生的女孩被绑架去当新娘的可怕事情。年轻女孩在上学或放学的路上被绑架、强奸，然后为了名声，被迫嫁给强奸犯。在几代人的沉默中，这种骇人听闻的做法一直在延续。没有人愿意谈论这个问题。然而，当一个广受欢迎的广播剧节目直面这个问题时，情况发生了变化。内古西埃·特弗拉（Negussie Teffera）博士与编剧和制片人合作，制作了一个非常受欢迎的广播剧节目，名为《回顾一个人的日常生活》（*Yeken Kignit*）。[6]

不仅改变了人们的态度，
更改变了法律的内古西埃·特弗拉

在其中一条故事线里，剧中一个备受钦佩的角色，名叫乌巴勒姆的女孩被绑架了，最终获救并嫁给了她心爱的男人。很快，这个以前一直是禁忌的话题就成了公共话题。这部广受欢迎的广播剧引发了极大愤慨，促进了新法律的颁布，并确保了这些法律得到了实施，以至于在许多地区这种做法后来基本上都被根除了。

如今，如果一名男子侵犯一名年轻女孩，他将被关进监狱，而不是把受害者娶回家当妻子。然而，请留意这种情况中的影响进程。首先是道德和社会驱动，最后才是法律惩罚。如果没有真正的惩罚，也就不会发生真正的改变。但如果没有通过第一种来源和第三种来源建立变革的动力基础，变革便是纸上谈兵。

规则需要执行，这不仅仅是一个社会问题，有时候也关乎企业。在那些抱怨员工缺乏责任感的企业里，我们首先问员工的一个问题是："在这里，什么情况下会被解雇？"几乎所有的答案都与糟糕表现无关。"让老板难堪"是一种常见的回答。另一种回答略带嘲弄："弄死一个真正有价值的同事。"换句话说，只有严重违反道德规范或政治上犯大错才会招致解雇。由此可知，对日常违规行为不加以惩罚，就是在组织中传递一个强烈的默许违规的信号。

当来自预期负面后果的威慑不足以影响变革时，就需要强制执行，让这些预期后果成为现实。否则，你可能会失去来自其他影响力来源的力量。如果你不愿意在人们违反核心价值观（例如没有尽最大努力）时坚决采取行动，那么这种价值观的道德约束力量在整个组织中就会逐渐消失殆尽。

总结：结构动力

进行奖励和惩罚可能是一件棘手的事情。当你思考用来鼓励或劝阻行为的外在激励因素时，要注意遵循以下几个有用的原则：

1. **把外在激励放在第三位**。将个人和社会激励因素放在前面。让行为本身的价值，以及社会影响，作为主要的动力源头。

2. **明智地使用激励措施**。不要害怕利用微小、真挚的感激之情。记住，当涉及外在奖励时，往往少即是多。

3. **奖励行为，而非仅仅奖励结果**。注意，要将奖励与你希望看到的关键行为联系起来，而非仅仅看中结果。有时结果会掩盖不恰当的行为。

4. **慎用惩罚**。最后，如果你最终不得不诉诸惩罚，应先予以警告或威慑。在你实施惩罚之前，让人们知道可能的后果。然后，如果别的方式都不行，那么就根据后果进行相应的惩罚。

第八章

改 变 环 境

第六种来源：结构能力

提升影响力的最简单的方法之一，
就是通过改变物理环境和虚拟环境，
使不良行为更难发生，使良好行为更易践行。

	动力	能力
个人	助人热爱所憎之物	助人做力有不逮之事
社会	提供鼓励	提供帮助
结构	带有关爱地奖励	改变环境

接下来，我们将探讨最重要却常被忽视的影响力来源之一，即第六种来源——结构能力：物理环境和虚拟环境所产生的影响力。我们往往对自己所处环境和所接触信息的强大力量视而不见。正因为如此，我们常常较少利用这种持续的影响力来源。

想要提升人们做出改变的能力，最好的方法之一就是简单地改善环境的某些方面，使旧的行为更难发生，使好的行为更易践行。

我们来看看影响力理论中的一个经典案例。20世纪40年代末，全美餐馆协会（NRA）的代表请求芝加哥大学教授威廉·富特·怀特（William Foote Whyte）帮助他们解决一个日益严峻的问题。[1]第二次世界大战后，美国外出就餐的人数规模空前。但糟糕的是，餐饮业还没有为顾客的激增做好准备。

随着外出就餐人数的增加，服务员（通常是女性）和厨师（通常是男性）之间的激烈冲突在加剧。服务员会冲到柜台前，向忙碌的厨师大声报出订单，然后冲回顾客身边。如果回来时餐食还没有准备好，她们就会催促厨师快点，且言辞激烈，比如："嘿，毛球，裹面包屑的牛肉还没做好吗？你胳膊是断了吗？"

厨师通常也不会让步。如果服务员拿到的餐食不对，双方便会唇枪舌剑地急论一番。在被吼过几次之后，厨师经常会故意放慢出菜速度，以示报复。怀特博士甚至观察到，厨师会背对服务员，故意无视她们，直到她们走开，有时她们走开时还会双眼含泪。

如果你想改善服务员与厨师的关系，你会怎么做？提高沟通技巧（第二种来源）？制定服务质量改进激励措施（第五种来源）？或者，去请更有礼貌的员工来指导他们脾气相对暴躁的同事（第三种来源）？

怀特博士建议餐馆使用一个价值50美分的金属转轴来收集订单。然后，他让服务员把详细的手写订单串在金属转轴上。接下来，厨师们会扯下订单，并按照最有效率的顺序出菜（通常按照先点先出的顺序）。

第二天怀特就在一家餐馆试用了这个方法。针对厨师和服务员的培训指导只花了10分钟。经理们后来反馈说，冲突和客户投诉立刻就减少了。所有人都喜欢这一套新流程，双方都觉得自己得到了更好的对待。这一操作在整个行业内传播开来，让服务员与厨师的关系以及客户体验都得到了巨大的改善。

有时，引入一项简单的技术或调整流程是最快的变革之路。

鱼不知水

如果你想不到怀特这种解决方案，那你绝对不是个例。普通人很少会将改变物理环境视为改变人类行为的一种方式。当我们看到其他人行为不当时，我们就会想要去改变他们的行为，而非改变他们所处的环境。我们只着眼于做事情的人，而完全忽略了微妙而强大的环境因素的影响，比如房间的大小或椅子的影响。

最强大的影响力来源之一往往使用得最少，因为它最不引人注目。用著名社会技术理论家弗雷德·斯蒂尔（Fred Steele）的话来说，我们大多数人都"不善于利用环境因素"。

例如，作者曾与一家大型保险公司的总裁交流，他痛惜没有人给他提出尖锐的反馈意见。他指出在最近的一些事情中，由于员工不愿质疑他的观点，所以他在掌握错误信息的情况下做出了重要决定。他抱怨道："我一直告诉员工要敞开心扉，但这行不通。"

我们第一次去见他时，穿过了六条走廊（每条走廊的长度都相当于一艘航空母舰），路过价值数十万美元的博物馆级别的艺术品，然后通过一个安全入口和一个正式的等候区。最后，我们走进总裁办公室，发现他坐在一张匹克球球场大小的桌子后面。然后，我们坐进了松软的沙发，整个人都快陷到地板上了，膝盖被顶到胸口，我们抬头看着总裁，就像小学生抬头看着校长一样。

总裁的第一句话就是:"我感觉周围的人都害怕和我说话。"

也许他忽略了这样一个事实:他办公室的布局就像希特勒的总理府。(希特勒要求有约 150 米的走廊,这样人们一来就可以"领略德意志共和国的权势和威严"。)²

结构因素对行为有很大的影响,所以花时间去探究这些因素十分重要。

"事物"很重要

结构因素的常见类别包括物理层面、信息层面、虚拟层面和社会层面。例如,改变政策、法律或工作流程可能会促使行为发生重大变化。改变电子设备上的通知设置和主页屏幕可以显著减少冲动的想法、感受和行为。只需将活动测量设备绑在手腕上,就可以促使你比平时更多地走楼梯而不是乘电梯。

我们来看看事物对整个社区施加的不太引人注目的影响。在乔治·凯林(George Kelling)到来之前,纽约地铁是抢劫犯、杀人犯和毒贩最喜欢的场所。凯林是一位犯罪学家,也是"破窗理论"³的创始人,他认为,混乱的环境会向周围传递一种无声却有力的信息,鼓励反社会行为。

凯林解释道："一扇破窗若不及时修缮，就等于是在向外界表明，这里根本没人负责，也没人在意。"

这种看似微不足道的情况会引发更多无序的行为，包括暴力行为。凯林建议社区领导者要从小事抓起。在凯林的指导下，工作人员开始每晚对涂鸦、垃圾和故意破坏痕迹进行清理。当局组织车站的工作人员地铁列车进站检修时，用油漆遮盖新出现的涂鸦。

随着时间的推移，清理行动与对轻微犯罪的惩处相结合，开始产生影响。周边环境得到了改善，社区自豪感增强了，轻微犯罪减少了。暴力犯罪也减少了75%。即使是看似无关紧要的视觉提示也会对人们的态度和行为产生重大的影响。

最后我们再来探讨一个案例，它足以证明我们完全没有意识到环境对选择的影响作用。社会科学家布莱恩·万辛克（Brian Wansink）指出，人们每天都会在不知不觉中做出200多个与饮食相关的决定。这种无意识的行为会让我们多摄入数百卡路里的热量，却根本不会让我们有满足感。[4]

我们曾与万辛克合作，让一支足球队的几十个孩子在周六早上剧烈训练两个小时后与我们一起吃午饭。一半孩子被随机分配用直径为7英寸的盘子吃饭，另一半孩子用大约两倍大的盘子吃饭。然后，我们通过称量餐前和餐后的盘子重量来悄悄测量每个孩子的进食量。正如你所料，使用大盘子的孩子吃得更多。

令人震惊的地方在于他们多吃了多少。

虽然所有的孩子都反馈说自己是放开了吃的，但我们发现那些使用大盘子的孩子多吃了 73%！

同样饥饿的孩子，为什么有的比别人多吃 73%？

万辛克的研究已经明确了距离、大小、颜色和位置对消费模式产生巨大影响的几十种方式，但我们大多数人在尝试改变自己的饮食习惯时都没有考虑到这些变量。

为什么我们忽视了"事物"的影响力

为什么我们不尽可能多地利用事物的影响力呢？有两个原因。

1. 难以发觉。我们很难发觉环境中的各种因素。工作流程、办公室布局和报告的结构并不总是一眼就能发现的"罪魁祸首"，我们经常注意不到它们的影响力。

2. 无能为力。即使将环境影响纳入了考虑，我们往往也不知道该怎么办。我们脑子里又没有各种社会物理学理论。如果有人告诉我们，我们要考虑一下费斯廷格（Festinger）、沙赫特（Schachter）和勒温（Lewin）的邻近性理论（即空间对关系的影响，我们稍后再仔细探讨这个话题），我们肯定会认为他们是在开玩笑。邻近性？谁听说过什么邻近性？

要运用这最后一套至关重要的影响力工具，我们必须具备利用环境因素的能力。我们必须做到：①记得把事物纳入考量；②能够搞懂事物的改变如何带来行为的改变。

世界上有太多的结构因素，我们不可能在一章的篇幅中全部阐述。因此，我们不会尝试全面分析促进或抑制行为的所有因素，而是提请人们注意那些最常被忽视或低估的因素。

我们希望这些例子能促使你仔细探究这些结构因素，因为它们可能对作为领导者的你来说具有重大意义。

学会用"事物"让良好行为更易践行

提升影响力的最简单方法之一，就是通过改变物理环境和虚拟环境，使不良行为更难发生，使良好行为更易践行。下面我们将一一讨论实现这一目标的五种方法：

1. 添加提示。
2. 管理数据流。
3. 促成邻近性。
4. 简化行为。
5. 更改流程。

添加提示

就像我们的许多行为一样，当某个行为无意识地发生时，一个简单的提示就可以帮助人们做出更有意识、更好的选择。

举例来说，在一个实验中，布莱恩·万辛克让不同的受试者吃罐装薯片。[5] 对照组得到的是普通罐装薯片，它们颜色常规，一片紧挨着另一片。实验组得到的罐装薯片则不一样，每十片中有一片颜色不同。连续九片是常规颜色，接下来那一片颜色不同（颜色标记）。

受试者被要求在吃薯片的同时进行其他活动。之后，研究人员计算了每个受试者的薯片消耗量。那些拿到有颜色标记的薯片的人比没办法得知自己吃了多少薯片的对照组的人少吃了 37%。

这是怎么回事？万辛克通过给每十片中的最后一

片薯片标记颜色，使原本不易察觉的数量变得清晰可见。研究人员没有提到过薯片如何或颜色怎样，也没有鼓励受试者控制食量。但这个视觉提示让实验组意识到了自己所吃的薯片的数量，而仅仅是这种意识就帮助他们做出了理性的进食决定，而不是冲动行事。

使用提示让不可见的东西变得可见，在工作上也会产生强大影响。20 世纪 60 年代，埃默里航空货运公司（Emery Air Freight）率先使用集装箱运输。[6] 该公司想出办法，使用坚固、可重复利用、规格统一的集装箱进行运输，这一做法让整个世界都发生了变化。

规格统一的集装箱运输比以前的运输方式效率要高很多，这导致国际航运价格暴跌。随着价格的空前下跌，那些以前因高昂的运输成本而免受全球性竞争冲击的行业（如钢铁和汽车行业），突然发现各地的竞争对手如雨后春笋般冒了出来。

然而，在早期，埃默里公司当时负责系统性能的副总裁爱德华·菲尼（Edward Feeney）却感到十分挫败，因为他无法让员工把集装箱充分利用起来。换言之，集装箱在没有正确装满的情况下就被密封起来运走了。一个审计小组发现，只有 45% 的时间里集装箱是被正确装满的。员工们大都接受了培训，并且还有人不断提醒他们完全装满集装箱的重要性，但他们仍然在多半的时间里没能做到这一点。

在竭尽全力影响员工却无果后，费尼偶然间发现了一种立竿见影的方法。他简单地在每个集装箱内部画了一条写有"装载到这里"的线。

很快，集装箱完全装满的时间占比从45%上升到95%。仅仅是一个使无形的装载标准变得可见的小提示，就能产生这样的效果。

我们合作过的一家医院也用类似的简单提示节约了大量成本。领导者鼓励临床医生关注那些即使是很小的产品决策，因为它们最终可能会花费大量资金。例如，一副无粉乳胶手套的价格是一副不太舒适的普通一次性手套的10倍多。然而，尽管高级管理层经常呼吁降低成本，但医院里几乎每个人仍继续使用较贵的手套来做事，哪怕是很快就能做完的事。

无粉乳胶手套比便宜手套更舒适，而且，相差的几美元算得了什么呢？

然后有一天，有人在便宜手套的包装盒上贴上了"25美分"的标签，在较贵的乳胶手套的包装盒上贴上了"3美元"的标签。这样一来，问题就解决了。一旦有了更全面的信息，人们就会做出更慎重的选择，于是较贵的手套的使用量大幅下降了。

像意见领袖一样行事

20世纪90年代中期，哥伦比亚波哥大市面临严重的缺水问题。市长安塔纳斯·莫库斯利用各种影响力来源，在短短几个月内将用水量减少了40%。他使用的其中一个策略就是添加提示，帮助人们清晰明了地弄懂他想要达成的目标。

他录制了公益广告，在其中教授节约用水的关键行为，然后他又巧妙地利用国家繁忙的电话系统，引导人们践行这些行为。每次遇到电话忙音的时候，人们听到的不再是乏味的、有节奏的嘟嘟声，而是莫库斯或者哥伦比亚流行歌星夏奇拉在说："感谢您节约用水！"[7]

管理数据流

前面提到的领导者有一个共同之处：他们都在关键时刻展示了经过精心筛选的信息，以促使人们做出不同的决策。在这些案例中，个人并不是因为别人态度不好而拒绝更好的选择。他们的行为是由他们的数据流决定的。他们选择哪种手套或者把集装箱装到何种程度，是由他们从直接体验中所获得的信息或所缺乏的信息驱动的。只需调整他们的数据流，就足以改变他们的行为。

尽管我们经常接触到不完整或不准确的数据，但如果有人能频繁且定时地提供信息给我们，我们就会开始依据其有所行动，视其为宏大现实中的准确样本，即便事实并非如此。接下来，我们来看一个实验。请尽快说出目前世界上正在发生武装冲突的每一个地方的名字。你可能和大多数人一样，可以说出两到四个地方的名字。现在问问你自己，为什么会说这几个特定的地方。是因为只有这些地方吗？还是因为这些地方发生的流血事件最多？又或者，因为这些地方在政治上颇为重要？

可能只是因为这些地方得到了媒体的持续报道。在很多时候，世界上都可能有多达二十几场武装冲突正在进行，但一些可怕的战争并未引起国际社会的广泛关注，这种情况并不罕见。然而，令人震惊的并不是我们在心理上受到了来自少数新闻制作人的巨大影响，而是我们通常没有意识到这种影响正在发生。

有影响力的领导者都明白准确的数据流与清晰、及时且准确的信息的重要性，它们是达成目标的基础。有影响力的领导者不会被数据所压垮，他们会对数据进行管理。

想象一下，当卡特中心的唐纳德·霍普金斯博士发起根除几内亚蠕虫病的全球性运动时，他面临着何种困境。霍普金斯博士面临的最大挑战是如何把根除几内亚蠕虫病放入发展中国家领导人的首要议程，因为那些领导人通常更忧心的是政变、经济危机和腐败政客，而不是寄生虫问题。

各个待办事项都很紧要，再加上大多数领导人都在城市地区长大，他们完全没有意识到几内亚蠕虫在本国的广泛影响，所以霍普金斯博士面临着极大的挑战。

美国前总统、卡特中心创始人吉米·卡特（Jimmy Carter）曾经告诉我们，在巴基斯坦根除几内亚蠕虫病时，领导者面临的第一个挑战是巴基斯坦总统对这种寄生虫甚至闻所未闻。即便知道这种疾病普遍存在，领导人也很少关注那些饱受困扰的村庄，因为他们的政治生涯有城市地区的支持就足够了。

唐纳德·霍普金斯博士虽然没有发现特效药，但也拯救了数百万人，使他们免受一种可怕疾病的折磨

霍普金斯博士通过巧妙地展示数据，来影响国家领导人对事务优先级的判断，从而顺利解决了这个问

题。举例来说，在尼日利亚，国家领导人以为全国上下仅有几千例几内亚蠕虫病病例。1989年，在全国各地的村庄协调员报告了当地的感染人数后，该国领导人震惊地发现，全国上下的感染病例已远远超过65万例。他们的数据偏差竟达到了3000%！尼日利亚已经成为世界上几内亚蠕虫病最流行的国家。

仅凭这一新数据，根除这种疾病获得的支持就迅猛增加了。

霍普金斯博士在领导人面前展示数据，引起他们的注意。他的团队制作了很多图表，其中，几内亚蠕虫病赛道图是最具影响力的。还记得那张带有国家领导人头像的赛道图吗？它展示了各国在根除几内亚蠕虫病运动中所取得的进展。

霍普金斯在报告中写道："我与布基纳法索的总统进行了交谈，并分享了对这场运动的一些担忧。我有各种各样的图表，但他最想看的是几内亚蠕虫病赛道图。他无法忍受居于垫底的位置。落后引起了他的注意。"

没有什么比数据加上社会推动更能激发并促成变革了。

在公司层面，不同的员工群体接触到的数据流截然不同，这就解释了为什么人们往往有迥然不同的优先事项和热衷之事。

与抱怨的客户打交道的一线员工，通常会成为客户的拥护者。经常研读财务报表的高层管理人员，会成为股东的支持者。经常采取质量措施的人，会成为质量的倡导者。

当人们只能接触到单一数据流时，很难奢望他们能以平衡兼顾的方式行事。

举个例子，与我们合作的一群高管受他们自己每周审查的生产数据驱动。当士气出现问题时（通常是员工发起申诉时），他们才会理所当然地关注"人的问题"，但往往为时已晚。客户满意度方面也是如此。虽然被列为高度优先事项，但在竞争对手挖走公司的一个重要客户之前，没有人真正地关心过客户满意度，也没有人做过任何改善客户关系的事情。

为了改变高管们狭隘的关注点，我们改变了数据流。如今，除了每周的生产数据，高管们还会充满热情地研究关于客户和员工的数据。他们开始将注意力分散到更多的利益相关者身上。

我们还为那些长期以来关注客户满意度的员工提供每周的成本和利润数据，他们的关注点也因此拓宽了。当面对不满意的客户时，员工们不再只是简单地"砸钱"解决问题（这通常是最简单的解决办法），而是开始寻求其他更具成本效益的解决办法。

在干预之前，领导和员工都谈到了所有利益相关者的重要性。但直到数据流得到扩展，他们的行为才有所改变。

使用数据时也应该小心谨慎。当谈到数据时，有一种说法是"过犹不及"。源源不断的报告、仪表盘信息和电子邮件会逐渐转化为让人麻木的、杂乱无章的背景噪声。杰出的领导者会避免这个错误。他们对共享的数据非常在意，也非常慎重。他们明白，收集或发布数据的唯一原因是强化关键行为。

像意见领袖一样行事

某公寓协会的领导者因在维护树木上的花费而深感头痛。每年至少有 50 棵树死亡，而每棵树的更换费用约为 500 美元。就物业管理而言，这个过程自然而然。毕竟，树就是树，没有什么不同，对吧？然后，一位业主决定对每棵树进行编号和挂牌，并建立一个数据库。他给大约 400 棵树挂上了牌，记录了那些树的种类及其可能面临的问题。

该协会很快发现，并不是所有的树都一样，也不是每棵树都适合栽在公寓周围。事实上，公寓旁有一片沼泽地，周围栽什么树木都存活不了。但他们每年还继续在那里栽新的，完全没有考虑哪些树适合在潮湿的土壤中生长。这个简单数据库的创建，节省了树木、金钱和劳动力，也以此影响了人们的行为。

促成邻近性

在工作场所，最能预测人际关系的方式之一就是看人们工作的物理环境。墙壁、隔间和会议室的布置，能反映出谁与谁相识，谁与谁交好。然而，当我们试图理解和改变行为时，却很少有人会考虑这些因素。建筑师创造了空间，然后我们在其中生活，受它影响，虽然大多数影响我们都没有意识到。

当社会心理学家利昂·费斯廷格和其他人第一次开始研究空间对关系的影响时，他们并不知道自己偶然发现了有史以来最深刻的社会心理现象之一：邻近性。邻近，简单地说，就是物理距离上的接近。

例如，看看谁在工作中自发地进行团队合作。在一栋公寓楼里，看看谁的朋友和熟人最多。了解哪些员工对自己与上司的关系感到满意。按理说，这些复杂的人际关系场景大多是出于个人兴趣和人际交往的化学反应，对吧？

并非如此。费斯廷格发现，人们交往的频率和质量在很大程度上是由物理距离决定的。[8]与那些门前路过的人较少的居民相比，住在公寓楼梯间附近的居民认识的人会更多。那些住在信箱旁边的居民比大楼里的任何人都更了解他们的邻居。

在企业层面，与下属互动最频繁的老板通常与下属关系也最好。那么，谁与下属的互动最频繁呢？当然是那些办公室距离下属最近的老板。

在贝尔实验室进行的一项研究中，研究人员测试了两位科学家可以合作的决定因素。[9]正如你所想的那样，决定因素就是他们办公室之间的距离。相邻而坐的科学家讨论技术话题进而合作的可能性是座位相距约9米的科学家的三倍。若让科学家们相距约27米远，那他们合作的可能性就会下降至与相距约10千米时相差无几！合作的可能性因十数米的距离变化而呈现出急剧下降的态势。

虚拟环境又如何

这听起来像是对远程劳动力和虚拟劳动力兴起的控诉。但我们的研究表明，邻近性可以通过虚拟空间中的接近和物理距离上的接近来实现。公司要求员工在同一时间到达同一地点，按照同一时间表吃午饭，使用同一卫生间，并在同一停车场停车，这种集中办公的旧模式带来了一种积极的效果，即创造了"可预测的自发性"。员工通过自发的互动在偶然间建立起联系、共享和信任。这就导致许多人错误地以为，集中办公是员工建立深度联系和密切交往的必要条件。

事实并非如此。如果你让十几个人进同一部电梯，毫无疑问他们会互相碰撞。但这并不意味着他们会带着奋勇争先的集体决心走出电梯。如果集中办公是建立连接的关键，那么所有集中办公的公司都将拥有同样健康的文化。但实际却并非如此。为什么呢？差别之处在于领导力。

我们研究了几百个突然从集中办公转向居家办公的企业。其中，大多数做出转变的企业在转型中损失了大量的学者所说的社会资本。例如，衡量结果显示，在这种转变发生后的两年里，信任度、忠诚度和自发努力（愿意付出超过最低预期的努力）程度等都急剧下降。

多数企业的情况变得更差了，但不是全部如此。在我们研究的企业中，大约四分之一是不走寻常路的。这些企业的成功令人咂舌，它们在同样的转型期间，在社会资本方面取得了大幅提升。为什么呢？

每一个大获成功的企业，其领导者都创造了虚拟的新仪式来取代实际环境中的机缘巧合。他们建立了虚拟社交、解决问题和临时沟通方面的新规范，以此替代茶水间、餐厅和电梯等交流场景。

例如，一位领导者要求企业中的每个人每天与指定的"谈话伙伴"进行"15分钟的例行交谈"。例行交谈时可以随意讨论个人生活，以及与工作相关的期望、忧虑和成就。谈话伙伴每月轮换一次，这让员工们有机会与更多人建立有意义的联系。

在我们的研究中，建立社会资本新仪式的具体操作千差万别，但每一个从转型中受益的企业在这方面都是相同的，即领导者创建了虚拟结构来取代物理结构。他们探索出一系列有意识的做法，让员工体验到比在集中办公模式下更强烈的联结感。地理位置不是决定因素。领导力才是关键。

当领导者未能培养起社会凝聚力时，无论是集中办公还是各自分开办公，都会发生不好的事情。孤岛形成，内讧盛行。员工开始用"他们那种人"等令人不快的词语给他人贴上标签，意指"外面"那些自己很少与之互动的坏人。如果你想看看一家企业里谁不信任谁，或者谁与谁相处得不好，那就考察一下邻近性吧。

来自另岸学院的示例

在利用邻近性来影响变化方面，另岸学院可谓树立了标杆。还记得吧，戴夫·迪罗谢的目标是培养两种关键行为。他希望学生，不仅对自己负责，也要对他人负责，还希望确保每个人都能直面他们关心之人。但要怎么做呢？学生刚来时，他们更可能拳脚相向，而不是互相帮助。

迪罗谢做的第一件事，就是把以前的死对头放在一起。他会将这样三个人安排在同一个屋檐下：一个是墨西哥黑手党的活跃分子，一个六个月前还是"瘸帮"成员，一个一年前还是"雅利安兄弟会"的小头目。八个这样的背景各异的人可能会住在同一个宿舍里。一位出身清白之人担任他们的队长。这就像一个文化沙拉吧，形形色色的人都混在一起，然后被要求以健康无害的方式互相帮助、互相碰撞。

我们亲眼见证了这种做法的效果。在另岸学院的新生中，有一位名叫库尔特的白人学生，他的身上还保留着几道昔日监狱生涯中留下的、象征着种族偏见的刺青痕迹。他搬衣橱时把墙碰出一个缺口，因为拐弯的时候太急了。库尔特刚来学院几个月，这是黑人队长安德鲁第一次请他去搬家公司帮忙。显然，库尔特对这份工作还不熟练。库尔特的床铺离安德鲁的只有1米多，这种距离上的邻近早已开始化解横亘在两人之间的壁垒，正是这份不经意间建立起的亲近感，极大地影响了后续事态发展。

库尔特来自加利福尼亚州康普顿的一个黑人聚居区，他从六岁起就开始接受白人帮派文化中的仇恨教育。在加入另岸学院之前，他已经无家可归五年了。在进入另岸学院后的头60天里，由于必须适应没有毒品的生活，他觉得自己简直活不下去了。因此，在搬运昂贵家具上费神不是他彼时的首要任务。

库尔特因为搬衣橱时撞坏墙角，羞愧地低下了头。另一个一起搬衣橱的人看到被衣橱碰出来的缺口，失望地摇了摇头。库尔特被羞辱得火冒三丈，正犹豫要不要夺门而出。看到这一幕的安德鲁一直等到库尔特放好衣橱之后，才拉着他的手臂来到房间里一个安静的角落，安慰地说道："你碰出来的这个缺口已经算是新手中最小的了。我会和顾客说清楚的。你先帮我搬完家具。"库尔特知道安德鲁有话要说，但绝没想到他会说这些。在库尔特如此脆弱的时刻，安德鲁却意想不到地让他保持了体面，这与他一直以来受到的待遇完全不同，那一刻库尔特的内心发生了变化。他再次挺起胸膛，跑回卡车上去搬下一件东西。

虽然另岸学院里有很多举措都在影响变革，但你还是会不由自主地注意到邻近性的影响力。当你让人们相互依靠、比邻而居时，你就会增加人际关系形成的机会，而这种关系也是促成他们个人转变的重要组成部分。

家庭也会因利用环境的方式而受到影响。例如，最近的一项研究表明，餐桌正迅速从家庭中消失。家庭功能失调和家庭成员间不满情绪增强，这也显示出家庭凝聚力正在以同样快的速度下降。两者之间会有相关性吗？这并不是说家具销量的下降会损害家庭团结，而是说定期家庭聚餐可以促进家庭成员之间的联系。但是，为什么家庭会停止购买和使用餐桌呢？看看微波炉。曾经有一段时间，晚餐的准备工作异常复杂，因此很有必要让每位成员都在同一时间、同一地点用餐。但微波炉的出现改变了这一切，它使得人们无论在什么时候，都可以轻松地为任何人准备一份餐食。突然之间，一次性准备好一顿大餐就显得没有什么必要性了。

家庭聚餐是一种惯常仪式，它让家人能够进行面对面的交流。如今，家庭成员的日程安排和家庭结构更加多样化。正因为如此，人们更需要精心安排的机会来建立联系，当然这也更具挑战性。将家庭聚餐的减少与个人消费型媒体的兴起结合起来（我们各自盯着自己的电子设备，而不是聚在一起看电视），你会发现结构因素（第六种来源）的改变是如何削弱家庭关系的。

邻近性与脱贫

像孟加拉国的穆罕默德·尤努斯这样的伟大领导者，都善于利用邻近性来改变人们的生活。世世代代以来，孟加拉国的妇女一直被禁止外出打拼。尤努斯很早就意识到，一种新环境就可以让贫困妇女逐步而安全地创造新生活。他建造了低成本的乡村银行中心，妇女们可以在那里聚集。通常她们探讨的内容都不只局限于策划创业或偿还贷款。

在孟加拉国加济布尔（Gazipur）简陋的乡村银行大楼里，我们曾亲眼见识过邻近性的力量。30位借款人中的一名女性带头人自信地走到房间前面，用双指轻快地向姐妹们行了礼。她们立刻站起来并背诵"十六条决议"。她们充满热情、团结一致，致力于做到自律、团结、勇敢和辛勤工作。她们发誓，不再住破旧的房子。她们会种植和食用蔬菜。我们一直都在安静地倾听，直到她们背到第十一条决议："我们不会在儿子的婚礼上索取嫁妆，也不会为女儿的婚礼提供嫁妆。"

询问后我们得知，这一承诺对她们的经济福祉来说至关重要。嫁妆是指父母为了嫁女儿而必须支付给男方的一笔钱，且通常会引发社会矛盾和经济危机。许多家庭为了凑齐一份像样的嫁妆而陷入贫困。父亲们经常斥责女儿，哀叹自己生了个日后会让他们破费的女儿。而现在，30名妇女正庄严肃穆地站在这里，大声宣布她们将废除"嫁妆祸端"。

后来，在和这30名妇女聊天时，我们问道："你们中有多少人的儿子或女儿在过去一年里结婚了？"5位女性骄傲地举起了手。然后我们继续提问："那有多少人送了嫁妆，或者收了嫁妆？"3 只手窘迫地停在空中。但迪帕利和希丽娜两人放下了手。有证据表明，这种延续千年的做法正在发生改变。因此，我们请这两位女士告诉我们，她们是如何抵制这种做法的。她们大笑着互相看了看，然后迪帕利说："我儿子娶了她的女儿。"说完，30 名妇女爆发出阵阵掌声。

这些女性不再躲在自家门后，被动地等待命运降临。现在，她们聚会、交流、创业、相互支持、为彼此的贷款做担保，在乡村银行大楼里，她们形成了一个真正的社区。伟大的领导者善于利用邻近性力量。

像意见领袖一样行事

医疗系统的高层领导者对由著名建筑师主持建造的新院区非常满意。但临床管理人员对医护人员手部卫生达标率数据不好感到失望，建议在每扇门的内外都摆上洗手液。这是个好主意，但建筑师却说这会"破坏走廊的视觉流畅性"。

经过一番讨论，高层领导者认为"细菌传播的影响比视觉流畅性更重要"。他们的决定完全正确。改变物理环境是让医护人员手部卫生达标率提升至超过 90% 的一个重要因素。

简化行为

第六种来源中的一般原则是，使做正确的事情更容易，做错误的事情更困难。添加提示能让人们更容易做出更优决定。管理数据流可以使人们更容易对各种选择有不同的感受。促成邻近性则在这两方面都能起到一定的作用。接下来的策略是简化行为，让行为本身变得更容易践行。如果做一件事只需付出很少的努力，那么激励人们去做这件事就会更加容易。

高效的领导者始终秉持效率第一原则。他们不会一味地想方设法去激励人们继续那些无聊、痛苦、危险或其他缺乏吸引力的活动，而是会找到改变事物的方法。高明的领导者会改变事物，使正确的行为更容易践行，同时还会利用各种条件让错误的行为变得更难发生。

例如，几内亚蠕虫病在印度半岛得以有效根除的主要原因之一是，各国领导人采取了措施，使喝洁净水比喝非洁净水容易得多。

正如前文所述，卡特中心的领导者发现，喝过滤水的村民被几内亚蠕虫感染的概率更低。喝过滤水的通常是那些从当地供水区取水带回家喝的人。但医学专家发现，到处走的牧羊人偶尔会从远处的池塘里取水喝，这又会导致几内亚蠕虫病持续存在。

一个放羊的男孩口渴了，偶然发现一个水坑，便蹲下来喝了一口水，肉眼不可见的几内亚蠕虫幼虫就此进入了他的体内。男孩一旦被感染，如果回到村庄水源地，那他就会把蠕虫卵带到那里去，让蠕虫有机会对整个社区造成严重破坏。为了解决这个问题，霍普金斯博士和他的团队本可以尝试进行更严厉的执法，发出更广泛的呼吁，甚至施加更大的社会压力。但他们没有。相反，他们发明了一种工具。

他们制造了一种价格低廉、内置过滤器的塑料管，可以用来快速饮水。这根管子对牧羊人来说特别有吸引力，因为它能过滤掉明显的杂质，而且他们不用大幅度弯腰就可以喝到水。

一种廉价的塑料工具，通过让更好的选择更容易实现，

避免了几内亚蠕虫再次在数百个村庄传播。

图片来源：卡特中心 /L. 格布。

回到邻近性

我们已经讨论过邻近性的力量。有时，只要多一

点距离，不良行为就会变得更难发生，因此也更容易克服。例如，在与布莱恩·万辛克的另一次合作中，我们在 50 名同事的办公室里都放了一碗五颜六色的 M&M 牌巧克力豆。每天工作结束后，我们都会回来测量碗里少了多少。在一半数量的办公室里，碗被放在电脑键盘旁边；在其余的办公室，碗则被放在 1 米外的书架上。我们发现，那些比一臂之遥更远的碗里还剩一半的巧克力豆。

仅仅改变距离就足以极大地影响行为的变化。把你的健身自行车从电视附近移到地下室，你使用它的机会就会大大减少。必须去健身房进行常规的心血管功能训练（而不是使用家用健身设备），这也可能会大大减少你锻炼的概率。

所以，如果你想改变自己的生活习惯，你可以先快速盘点一下影响你行为的事物。统计一下一天中每小时内你伸手可及的不健康食物的选择有多少。然后统计一下在同样距离内有多少健康食物的选择。再看看你要锻炼有多困难。你是否需要走到一个较远且与世隔绝的房间里才能拿到你的健身设备？你是否需要先打开壁橱拿到健身设备才能开始锻炼？要好好思考下你家里有些什么东西可以轻松移动，让良好行为更容易践行，让不良行为更难发生。

医疗机构也认识到了让正确行为变得更容易践行

的重要性。许多机构正在想方设法减少用药错误。过去，药品装在红棕色的瓶子里，瓶身没有任何关于所装药品的信息，看起来与旁边另一个红棕色瓶子没有任何区别。再加上许多负责配药的人可能连续轮班了好几次，配药时他们经常眯着眼睛去看处方上难以辨认的字迹，因此就不难理解为什么用药错误每年会导致数万人死亡了。[10]

如今，开明的制药公司和医院让正确行为更易践行。通过巧妙地使用彩色药瓶和详细标签，许多医院大大减少了用药错误及其导致的非必要死亡。

零售业最懂得让选择变得更容易这条规则。消费行为研究专家帕科·昂德希尔（Paco Underhill）通过让宠物零食更容易从货架上取下来，提高了其销量。[11]昂德希尔发现，青年人和中年人比老年人和儿童更有可能购买宠物零食。这让他感到十分好奇。于是他对浏览宠物货架的顾客进行了录像，并很快发现了宠物零食销售额在某个年龄段的消费者中一直处于较低水平的原因。一般情况下，宠物主粮等商品放在与人的眼睛和腰部差不多高度的货架上，而宠物零食则放在货架更高的位置。

但是，老年人和儿童都难以拿到放在货架更高位置的商品。一段视频显示，一名年长的妇女试图用一卷铝箔去把一包宠物零食推下来。另一段视频显示，一名儿童因够不到宠物零食，便不顾安危地爬上了货架。将宠物零食移到货架较低的位置上，这一行为很容易就让销售额立即增加了。爱也好，恨也罢，那些想从你身上得到什么的人会尽一切可能去改变你身处的环境，好让你心甘情愿地掏出你辛苦赚来的钱！

让良好行为成为必然

让做出更好的选择变得更容易的最佳办法，就是让这些选择成为必然。这也是结构、过程和程序发挥作用的地方。工程师们厌倦了一遍遍地提醒员工不要把手指伸进某些机器，于是便在机械功能方面进行了改进，避免这种危险的发生。统一的程序和严格的检查表要求飞行员对起飞和着陆程序进行两到三次检查，他们都严格遵守。

在快餐行业，员工接单时只需根据图片按下相应按钮。当然，员工也无须知道如何找零，因为机器会自动结算。

现在这一切都常规化了，所以做错几乎不可能。

通常，让良好行为成为必然，所需要的就是将其融入你的日常安排。如果说我们只从当今纷繁忙碌的世界中学到了一个道理，那就是结构化的安排会取代无结构的状态。会议会不断召开。而"我稍后会给你回复"这种说辞可能也只是说说而已。因此，如果你想确保积极的行为发生，可以将其纳入一次特别会议，或者将其硬性归入现有的会议议程。

举例来说，一位首席执行官和他的高级领导团队安排定期与员工群体会面，并向其征求意见后，发现公司的创新突破大幅度增加。这种定期的会面后来演变为一个论坛，鼓励和支持新的行为，从而使良好行为成为必然。

在另岸学院中，关键行为被嵌入常规仪式之中。这些仪式包括定期召开的会议，这些会议具有高度的象征意义，且灵活多变，在使正确的行为成为必然方面卓有成效。正如前文所述，其中一种叫作"游戏"。这种特殊的仪式并非总是轻松有趣，但它总是会被执行。

假设你是另岸学院的一名学生。每周两次，你与指定小组的成员聚在一起，向对方提供直言不讳的反馈。两名高年级的学生确保过程中不会发生肢体冲突，除此之外，它没有限定任何反馈形式。在游戏期间，学生会了解另岸学院想要的那种毫无限制的反馈方式。他们可以挑战几乎任何人。如果你认为你的队长是个混蛋，只要你给他一张邀请他参加游戏的纸条，他就必须露面。届时，你可以将心中所想尽数说出。除戴夫·迪罗谢外，学院中的任何人都可以被其他人邀请参加游戏。

随着时间的推移，游戏的质量提高了，冲突的程度降低了。学生变得更加善于分享和反馈。但不变的是，这种长期存在的仪式使良好的行为成为必然。大多数人不喜欢与他人对峙，尤其是面对那些可怕而强大的人时。要是任由他们按照自己的想法行事，他们就会和很多人一样：要么保持沉默（把抱怨藏在心里），要么爆发（喋喋不休，甚至更糟）。因此，迪罗谢把反馈变成了一种仪式，称之为"游戏"，然后启动游戏。每周两次，坚持执行。

更改流程

我们的大多数行为都未经过深思熟虑，而是遵循习惯或惯例。例如，你可能会以一种可预测的方式洗澡，几乎每次都以相同的顺序用肥皂清洗身体的各个部位。我们有晨时惯例、就寝惯例和工作惯例，它们决定了我们如何对待大多数重复性活动。

同样，你主持会议、做出集体决策、面试求职者等可能也遵循着某种惯例，这些惯例要么是心领神会的，要么是一目了然的。在企业中，我们将这些惯例称作流程。如果团队发展不出完成任务的流程，那么任何企业都无法实现高效协作。

有时，引导变革的最简单的方法就是改变流程、惯例或仪式。仅仅是将一个关键行为嵌入到现有流程之中，就可以极大地改变结果。例如，几年前我们发现，医疗失误往往源于沉默。很多时候，当护士注意到夹子数量不对时，外科医生可能正准备缝合病人的伤口。换句话说，外科医生可能在病人体内留下了一些东西，这可能会在以后引发大问题。我们的研究发现，在这些关键时刻，护士和团队中的其他人往往会选择保持沉默。[12] 幸运的是，在这项研究发表后的几年里，人们对此付出了巨大努力来推动变革。其中一种干预措施效果显著，只需在医疗程序中增加一个步骤，也就是请团队成员做自我介绍！这个小小的流程调整增强了心理安全感，使团队成员不再互不相识，从而提升了团队成员发现并指出潜在失误的可能性。[13]此外，研究还表明，遵循检查清单可以显著改善结果并减少失误。[14] 现在我们必须明确地认识到，宣布使用检查清单与让所有手术团队实际使用清单之间是存在巨大区别的！这也是其他影响力来源发挥作用的地方。但是，将一种新行为纳入流程是影响力尝试的一个重要组成部分。

一致的结果通常源于一致的行为。一致的行为往往受到我们所遵循的流程的指引。所以，如果你不喜欢你获得的结果，那就仔细思考下你做事的流程吧。例如，几十年前，交响乐团开始直面音乐家群体内部严重的性别不平等问题。不仅男性获得雇用的比率远高于女性，而且男性还独占了让人梦寐以求的领导职位。许多人为这种不公平现象开脱，声称这都是无可厚非的，因为男性的面试成绩更好。他们认为，专家评委们客观地评价了各面试者的表现，结果就是这样，无可辩驳。这种逻辑一直存在，直到许多乐团开始尝试使用一种新流程。他们进行"盲选"试镜，候选人在幕布后面表演，评委看不见他们。这种做法立即让新进女性员工的数量增加了30%。[15] 改变流程使人们只关注那些影响最终决策的因素，而不考虑那些对最终决策不起作用的影响因素。

在家庭生活中，流程则以仪式的形式表现出来。仪式往往是无意识的，我们只是养成了执行重复性任务的习惯。如果你试图在生活中实现某种改善，可以将新活动融入日常仪式，而不是将其视为一项独立的任务，这样就能加速改变的发生。举例来说，一位朋友在他的"回家"仪式中增加了一个简单的步骤，就让家庭关系更温馨、更亲密了。过去他的"回家"仪式是这样的：离开办公室，开车穿过拥堵的车流回家，路上反复思考工作中出现的一切问题，然后心不在焉、神情紧张地冲进家门。这种负面情绪通常为他与家人的见面奠定了基调。为了改变这种情况，他在方向盘上贴了一张云朵形状的贴纸，提醒自己在"回家"仪式上增加一个关键步骤：停车后，进行两分钟的冥想，帮助自己从工作状态过渡到家庭状态。新的流程让他走进家门时更加平静、感恩和专注。

另外，一个好的影响力计划还应该仔细考虑使关键行为更难实施或消极行为更易发生的某些流程和政策。有时，取消步骤、简化决策或下放权力可以极大地改变行为。改变流程可以产生巨大影响力，让人们得以改善结果并以符合自己价值观的方式行事。

总结：结构能力

我们许多人对环境因素都缺乏认知，未能意识到物理环境和虚拟环境对我们行为产生的微妙而强大的影响。鉴于改变事物比改变人更容易，且这些事物会对人们的行为产生持久性影响，所以现在我们必须向怀特、斯蒂尔、万辛克等人看齐，将我们所处空间的影响力纳入影响力策略之中。

1. 添加提示。在需要新行为的时候，使用提示来引起人们的注意。

2. 管理数据流。通过让人们接触信息，帮助他们了解在实践和不实践重要行为时会有什么样的后果，来影响他们的思想和观念。

3. 促成邻近性。利用距离来影响选择。

4. 简化行为。尽你所能使行为变得相对简单和显而易见。

5. 更改流程。在可能的情况下，将新行为纳入策略和流程。

如果你能够善用第六种来源，你就拥有了一个不眠不休的盟友，它能持续助力你推动变革。

第九章

成为领导者

要解决我们所面临的每一个重大问题，
最有希望的办法在于让更多的人
成为有影响力的领导者。

　　本书以一个大胆的论断开头，我们声称，如果你将正确数量与类型的影响力因素融入一个强有力的影响力策略，那么你就可以创造快速、深刻且持久的变革。我们分享的研究表明，如果你遵循世界各地有效领导者所践行的原则，你的影响力就能扩大十倍。最后，我们不仅想帮助你在某些事情上做得更好，还希望本书所阐述的关键影响力技巧可以改善你的思维方式，让你更善于应对自己面临的每一个影响力挑战。

　　下次当你苦寻影响改变的方法时，我们希望你能自然而然地运用影响力的三大关键。认真思考并回答以下关键问题：

1. 我想要什么结果？我将如何衡量进展？

2. 哪些关键行为是实现这一结果的核心？

3. 我要如何利用影响力的六种来源中的哪一种或哪几种来支持关键行为？

认真思考了这些关键问题，面对影响力挑战时你就应该更有信心。因为你搞懂了制定有效战略所需考虑的基本要素。

现在你也明白了如何全面考量每一个你所关注的行为背后的各种影响力。

首先，你将通过审视影响力的六种来源中的每一种来识别关键行为。

接下来，你将通过提出如图 9-1 所示的问题来确定哪些来源阻碍了变革。

你的影响力程度取决于你的诊断质量。只有仔细研究过阻碍变革的所有因素，你才更有可能制定出促成变革的影响力策略。

最后，你可以运用你在每一章中学到的策略，充分整合六种影响力来源中的要素，花费最小的力气影响改变。现在，你已经学会了如何全面彻底地促成变革。

	动力	能力
个人	**1** 做这件事令人愉快还是意义重大?	**2** 他们能做到吗?
社会	**3** 他们是受到鼓励才这样做的吗?	**4** 他们会因为受到帮助而有能力这样做吗?
结构	**5** 他们做了会得到奖励,不做会受到惩罚吗?	**6** 他们所处的环境(包括物理环境与虚拟环境)能促成这件事吗?

图 9-1 影响力的六种来源的诊断问题

一种强大的多功能工具

在三大关键问题和六种影响力来源中,存在一种十分强大的多功能工具。通过思考三大关键问题和分析六种影响力来源,你可以找到这种足够强大的工具,帮助你思考各种问题:从如何达成健身目标到如何留住客户,再到怎么处理乱扔水球的少年。正如下一个例子将会讲到的,如果你碰巧把本书放在家里,它甚至可能帮助你上大学的儿子说服兄弟会里的兄弟们纷纷慷慨解囊。

大一新生丹尼尔·尼克斯（Daniel Nix）在第一学期即将结束时，明确地想要达成一个理想目标：筹集300美元在节日的时候装扮一下宿舍。丹尼尔很喜欢圣诞节，他想让自己第一个离开家的圣诞节能过得舒心。初生牛犊不怕虎，他在宿舍的自助餐厅里放了一个5加仑的空水桶，并在上面贴了一个"圣诞捐款"的标签。然后他就等着钱进账。然而三天后，桶里总共只有20美元，外加一张口香糖包装纸。

有一次回家，他偶然发现了父亲购买的这本《关键影响力》。于是他花了一整个周末如饥似渴地读完，然后转变了思维方式，以乐观的态度直面问题。

阅读本书并没有改变他想要的结果。他的目标仍是筹集300美元。在如何衡量进展或识别关键行为方面，也无须太多思考：他就希望室友们捐款，无论是转账还是付现金。

本书助力丹尼尔取得突破的关键在于，他运用所有六种影响力来源仔细审视自己的问题，并尽最大努力从每种来源中构思出一两个应对之策。同时，他将5加仑的空水桶装扮得具有圣诞气息，让大家一看到就会立即联想到圣诞装饰（第一种和第六种来源）。他在水桶上方贴了一张巨大的眼神锐利的圣诞老人的图片，让人觉得圣诞老人一眼就能看穿你是搞事还是助人（第三种来源）。他在旁边放了一个巨大的类似温度计一样的东西，可以直观显示离目标的距离，从而将挑战游戏化（第一种和第六种来源）。紧挨着"温度计"，他还贴出了所有已捐款人的姓名和捐款金额（第三种来源）。

不到 48 小时，丹尼尔就达成了目标。基于三大关键问题和六种影响力来源的多功能工具确实十分强大。当你更善于思考影响力问题时，你就更善于引领变革。

几个提醒

在本书的最后，我们将分享两种最常见的错误，我们亲眼所见领导者在尝试应用你现在所学知识时往往都会犯下这些错误。具有讽刺意味的是，这两种错误分别是对影响力过度思考或思考不足。接下来，让我们依次来看看这两个陷阱。

过度思考

虽然我们鼓励领导者在制订影响力计划时考虑每一种影响力来源，但并非所有情况都需要运用所有六种影响力来源。

如果面临的阻力不是特别大，那么你不需要对问题过度思考。可能只需简单地运用一两种影响力来源，就能促成行为改变了。

同样，如果失败的风险很低，你也不需要进行复杂的诊断、过度思考各种影响力来源。你只需运用关键影响力模型，然后静待结果。

举例来说，本书的一位作者只是将运动服和运动鞋放在床边的椅子上（第六种来源），就能持续地坚持锻炼。他猜想如果自己早上醒来时能立即穿好运动服和运动鞋，或许他会更加经常地去跑步。结果的确如此。就算这一招不起作用，那他在这场实验中也没有什么大的损失。在这种情况下，他可以退一步，更认真地考虑如何运用更多的影响力来源。

如果情况既非迫在眉睫也非关乎成败，那人们只需通过调整一两种影响力来源来尝试变革。在这种情况下，最好立即着手进行，再视情况调整几次策略就足够了，不需要过度思考问题，浪费时间。

思考不足

与过度思考相反，有时人们会对影响力思考不足。在思考不足问题上，人们会犯两种形式的错误。具有讽刺意味的是，无论面对的问题大小，人们都有可能思考不足。思考不足还经常以想要省事的方式表现出来。

小问题

有时，读者会觉得从本书中得到的收获不如预期，那是因为他们错误地以为本书的主要价值在于解决棘手的、让人不知所措的大问题。如果"治愈一场大流行病"不在他们本周的待办事项清单上，他们就会把学到的知识搁置一旁。

千万别犯这种错误！想想本书分享的数十个巧妙运用三大关键的案例。那些领导者并不需要解决大问题，他们只是更为仔细地思考面前的小问题，而正是这些小问题让他们更卓有成效。养成考虑所有影响力来源的习惯，即使是在应对日常挑战，也能不断提升你的领导力。

例如，当你为你的孩子提供建议时，注意别将能力问题（第二种、第四种、第六种来源）视为动机问题。当你写一份采取行动的备忘录时，可以用一个故事（第一种来源）来帮助人们创建一个更具激励性的道德认知框架。当你布置会场时，可以想想房间的布局（第六种来源）将如何影响行为。下次你安排人们去参加培训时（第二种来源），可以考虑在培训之前和之后与他们见面，表示对他们行动计划的支持，从而增加一些社会影响力（第三种和第四种来源）。

不要错过生活给你的成千上万个可以更有意识地

去思考和发挥影响力的机会。多一点思考，就能产生更大的影响力。

省事

在关于影响力的六种来源模型的讲座快要结束时，经常会有高管举手问这样的问题："哪种影响力来源最重要？"每当听到这个问题，我们都会感到恐慌。

这个问题暴露出对本书传达的所有信息的误解，这十分令人担忧。我们的目标是让你正确地了解所有影响力因素是如何影响行为的。对我们来说，问"哪个最重要？"，就像问"人类的哪个主要器官最重要？心脏？肺？大脑？你能帮我将这些器官排序吗？"一样。

影响力的六种来源模型是一个系统性的影响力模型。每一种来源都与其他来源相互作用进而促进行动，而且不同来源对不同人的影响程度可能不同。这就是为什么我们传达的最重要的信息是，如果变革异常重要，那么你的目标就应该是全面彻底地确保成功。

但大多数企业都不会这样行事。因为它们习惯于追求效率，大多数领导者都会问："要达成目标最省事的方法是什么？"

如果你一开始就想着"省事"，那么你很可能会失败。

　　本书提及的许多伟大领导者都对这种担忧并不陌生。人们千里迢迢去拜访玛莎·苏瓦伊、唐·贝里克博士、威瓦特博士、戴夫·迪罗谢等人，试图发现他们成功的秘诀。但那些天真的人对这些极具影响力的领导者所利用的所有影响力来源视而不见，只是忙着四处寻找一两颗"灵丹妙药"，生搬硬套在自己现有的方法上面，希望这样就能取得成功。

　　就好比在1974年产的福特旅行车上装上法拉利的车标，他们奢望着车会发生变化。但并不会。福特仍是福特，不会变成法拉利。

　　举例来说，一批市政与警署的领导者来到北卡罗来纳州，想学习一下本书第七章中描述的"第二次机会"策略。在研究了该策略影响变革的复杂系统后，这些领导者往往只关注那些如电视节目般的会议，就是将被捕的毒贩带到贴满他自己的犯罪照片的房间里。这肯定是影响力战略中"最重要"的部分，对吧？于是这些领导者飞回各自的城市，找出最臭名昭著的罪犯，收集证据，录制视频，举办类似的会议活动。但再犯罪率却丝毫没有下降的趋势。

　　为什么会这样？如果你把这个问题放在六种影响力来源模型中去思考，就会发现上述做法忽略了"第二次机会"策略里涉及的所有其他影响力来源。

　　要帮助某人从根本上改变持续几十年的犯罪行

为，需要的可能不仅仅是直面地方检察官。北卡罗来纳州的做法不仅利用了罪犯对后果的恐惧，还利用了家庭支持（第三种和第四种来源）、工作技能培训（第二种来源）、奖金激励（第五种来源）、同伴影响（第三种和第四种来源）、重新安置（第六种来源），等等。

"第二次机会"项目的设计者们煞费苦心地确保所有六种影响力来源都有机会融入到项目之中。但"图省事的人"却希望把影响力当作一盒巧克力，只从中挑选他们最喜欢的那一颗。

通过诊断克服省事

多年来我们发现，如果领导者能够对问题进行全面诊断，那他们就不太可能成为省事想法的牺牲品。在所有影响力来源与希望培养的行为方面，如果他们获得足够的信息来判断两者是互相兼容还是互相排斥，那他们就能制订出更切实可行的影响力计划。

明尼苏达大学费尔维尤（Fairview）医学中心的沃伦·沃里克（Warren Warwick）博士提供了一个很好的例子，说明了良好的诊断如何带来有效的领导力。沃里克主攻囊性纤维化（CF），这是一种遗传性疾病，会导致肺部或消化道等本该有光滑、柔韧的保护层的地方产生黏稠的黏液。如果不加以治疗，患者将面临呼吸不畅和营养不良的风险，因为黏液会影响肺部和消化道的功能。不幸的是，这种疾病的治疗过程不仅很不方便，而且十分痛苦。例如，可能需要通过力道较大的按摩来使肺部积聚的黏液分解和排出。

沃里克经常面对那些不遵循医嘱的患者。随着时间的推移，他逐渐意识到，自己医疗技能的有效性取决于自己在影响力方面的能力。这一见解促使他发展出了一套诊断准则——不仅针对疾病的诊断，也针对患者在遵循医嘱方面影响力来源的诊断。

举例来说，有一天，沃里克博士与一名没有遵循治疗计划的 18 岁 CF 患者坐在一起。他没有大谈特谈如果患者继续懈怠就会在几年内窒息而死（第一种来源：试图激发顺从性），而是诊断了所有潜在的阻碍。他听了患者的自述之后，认为她不遵循医嘱的做法情有可原。

这位患者交了新男友，有一半时间都和他在一起。以往患者的母亲会盯着她吃药，但现在患者经常不在规定的时间回家（第三种和第四种来源缺失），无法按时接受治疗。该患者还找了一份新工作，经常要上夜班（第六种来源中的时间表发生了变化）。她就读的学校也改变了政策，现在要求必须由护士给她用药（这项政策对第六种来源造成了阻碍）。她认为这一切都太麻烦了，于是停止了服药。

尽管在前两个月里她的肺功能下降了20%，但她感觉还不错，觉得可以接受减少治疗次数（第一种来源——个人动机此时失效了）。

沃里克博士越听越明白她的情况之复杂，因此也就越不想追求省事的做法，即通过把死亡的恐惧强加给她来提升医嘱的影响力。他和患者共同制订了一个克服以上困难的计划，而这一计划真真切切地救了患者的命。

良好的诊断可以揭示人类行为的复杂性，从而产生有效的影响力。

持续学习

我们祝愿你在努力成为一名更优秀的领导者的过程中一切顺利。正如我们在第一章中所说的那样，领导力是有意施加的影响力。它是为实现伟大事业而系统性地影响人类行为的过程。要想解决人类所面临的每一个重大问题，就得让更多的人成为富有影响力的领导者。

我们希望在努力给世界带来积极影响方面，你对本书的投入能产生巨大的回报。无论你是想要提高自己的生活品质，还是帮助公司获得成功，抑或是增进社区居民的福祉，我们都会为你献上真挚的掌声，因为你与本书中提及的那些杰出领导者一样，是某项崇高事业的一部分。

我们也希望本书中提供的模型能激励你持续学习。虽然我们已经在每个来源中详细阐述了强大的影响力策略，但我们并没有穷尽利用影响力来源的方法。关于如何帮助人们找到更强的个人动机、发挥社会影响力和重塑环境以促进积极的变革，每天都有新的研究结果出现。所以，请持续学习！

你可以访问 CrucialInfluence.com。在那里你可以找到很棒的学习辅助资源，包括：

- 关键影响力评估：它不仅能让你了解自己现有影响力的优劣之处，还能帮助你制订成为有效影响者的行动计划。
- 可供讨论的问题：你可以与读书俱乐部或读书小组成员一起讨论。
- 影响力的六种来源模型。
- 本书涉及的一些领导者的采访视频。
- 使用关键影响力模型取得巨大成功的组织的案例研究。
- 《关键技能》简报的免费订阅：它是一个解决人际和组织难题的问答专栏。

正如玛格丽特·米德（Margaret Mead）所说，

"永远不要怀疑，一小群有思想的、坚定的公民能够改变这个世界；实际上，这是世界得以改变的唯一途径"。

永远诚挚地祝福你，在成为一个更有思想、更有效率的领导者的旅途中一切顺利。

| 致　谢 |

多年以来，许多人一直在研究、教学、测试和学习等各个方面给予我们帮助和支持。对此，我们表示诚挚的感谢。

首先，我们感谢家人。感谢他们的爱和支持，让我们寻求改变，收获动力，并达成夙愿。尤其感谢家人的牺牲和包容，因为我们会时不时地外出打拼，或者即使在家，也常常因为过于专注地低头敲键盘而无暇他顾。

其次，我们感谢 Crucial Learning 的同事、伙伴与团队成员，他们以各种各样的方式给予我们帮助——努力践行使命、竭诚服务客户、教授改善生活的技能，以及互相关怀、同心协力、各尽其能。对于他们付出的一切，我们由衷感谢。还要特别感谢卓有才干的组织专家布鲁斯·本尼特（Bruce Bennett），是他帮助我们构建了影响力的六种来源模型。

再次，我们特别感谢蔡斯·麦克米兰（Chase

McMillan)、明迪·韦特（Mindy Waite）和玛丽·麦克切斯尼（Mary McChesney）。他们的热爱、信念和勇敢行动让本项目取得的成效远远超出了预期。蔡斯引领我们开启了本书中介绍的许多重要的案例研究。明迪尽心竭力使本书的行文清晰、简洁、优美。玛丽在整个项目进程中不断地给我们加油打气、保驾护航。本书的诸多可取之处完全离不开这三位的贡献。

最后，我们由衷感谢世界各地的朋友和合作伙伴。他们让本书中的想法转变成了一股推动全球积极变革的力量。他们深厚的思想内涵与出色的能力在整个合作过程中让我们受益匪浅。

|注 释|

第一部分

第一章

1. Sedaris, D. (2009). Naked. Little, Brown and Company. p. 215.

第二章

1. Gauggel, S., and Billino, J. (2002). "The Effects of Goal Setting on the Arithmetic Performance of Brain-Damaged Patients." Archives of Clinical Neuropsychology 17, no. 3: 283-294, http://www.sciencedirect .com/science/article/pii/S0887617701001135. 德国的这项研究表明，即使是大脑受损的患者，拥有一个明确且具有挑战性的目标时，他们的算术表现也比拥有"尽你所能"这样的模糊目标时要好。Also see Gellatly, I. R., and Meyer,

J. P. (1992). "The Effects of Goal Difficulty on Physiological Arousal, Cognition, and Task Performance." Journal of Applied Psychology 77, no. 5: 694-704, https://doi.org/10.1037/0021-9010.77.5.694, http://psycnet.apa.org/journals/apl/77/5/694/. This study has shown the presence of a challenging goal has both cognitive and behavioral effects, including heart rate.

2. 在本书的前几版中，我们重点介绍了由米米·西尔伯特（Mimi Silbert）领导的旧金山德兰西街基金会的案例。我们对她所取得的成就大为震撼。2015年基金会资助并主导了一项活动，旨在激励更多人采用影响力的六种来源模型并激发更多创新，但这一活动却没有得到全面推广，这让我们深感痛惜。截至本书撰写之时，另岸学院除了位于犹他州盐湖城的主校区外，还有五个校区，更多的校区会陆续开放。详细信息可以参见 TheOtherSideAcademy.com。

3. McKane, S. (2021). "The Other Side Academy Helping Former Addicts and Criminals Turn Their Lives Around," Fox 13, Salt Lake City. https://www.fox13now.com/news/local-news/the-other-

side-academy-helping-former-addicts-and-criminals-turn-their-lives-around.

4. Grenny, J. (2008). "Influencer: The Power to Change Anything." MIT Sloan Management Review, 49(2), 60-67.

第二部分

1. Mencken, H. L. (1920). Prejudices: Second Series. Alfred A. Knopf. p. 158.

第三章

1. Haidt, J. (2006). The Happiness Hypothesis: Finding Modern Truth in Ancient Wisdom. Basic Books.

第四章

1. Dweck, C. (2006). Mindset: The New Psychology of Success. Random House.

2. Mischel, W., Shoda, Y., and Rodriguez, M. L. (1989). "Delay of Gratification in Children." Science 244(4907), 933-938.

3. Bandura, A., and Mischel, W. (1966). "Moral

Reasoning and Vicarious Learning." Journal of Abnormal and Social Psychology 63(2), 311-318.

4. Ericsson, K. A., Krampe, R. T., and Tesch-Römer, C. (1993). "The Role of Deliberate Practice in the Acquisition of Expert Performance." Psychological Review, 100(3), 363-406.

5. Maxfield, D., Grenny, J., McMillan, R., Patterson, K., and Switzler, A. (2005). "Silence Kills: The Seven Crucial Conversations for Healthcare." Journal of Patient Safety 1(2), 7-16.

第五章

1. Milgram, S. (1963). "Behavioral Study of Obedience." Journal of Abnormal and Social Psychology, 67(4), 371-378.

2. Maxfield, D., Grenny, J., McMillan, R., Patterson, K., and Switzler, A. (2005). "Silence Kills: The Seven Crucial Conversations for Healthcare." Journal of Patient Safety 1(2), 7-16.

第六章

1. Wansink, B., and Cheney, M. M. (2005). "Super

Bowls: Serving Bowl Size and Food Consumption."
JAMA 293(14), 1727-1728.

2. Gneezy, U., Haruvy, E., and Yafe, H. (2004).
" The Inefficiency of Splitting the Bill, " The
Economic Journal 114, no. 495: 265-280, https://
doiorg/10.1111/j.1468-0297.2004.00209.x.

3. Bernick, C. L. (2001). " When Your Culture Needs
a Makeover." Harvard Business Review, 53-61.

4. https://hopesquad.com/mission-history/.

第七章

1. Sloman, S., and Fernbach, P. (2017) The
Knowledge Illusion: Why We Never Think Alone.
Riverhead Books.

2. Lepper, M. R., Greene, D., and Nisbett, R.
E. (1973). " Undermining Children ' s Intrinsic
Interest with Extrinsic Reward: A Test of the
' Overjustification ' Hypothesis. " Journal of
Personality and Social Psychology 28(1), 129-137.

3. Higgins, S. T., Budney, A. J., and Bickel, W.
K. (1994). " Achieving Cocaine Abstinence with a
Behavioral Approach." Addiction 89(11), 1541-1548.

4. Masaaki, I. (1986). Kaizen: The Key to Japan's Competitive Success. McGraw-Hill.

5. https://ncsecondchance.org/about/.

6. https://www.populationmedia.org/stories/ spotlight-dr-negussie-teffera.

第八章

1. Whyte, W. F. (1948). "Human Relations in the Restaurant Industry." Harvard Business Review 26(5), 367-376.

2. Speer, A. (1970). Inside the Third Reich: Memoirs. Macmillan.

3. Kelling, G. L., and Coles, C. M. (2006). Fixing Broken Windows: Restoring Order and Reducing Crime in Our Communities. Simon and Schuster.

4. Wansink, B. (2006). Mindless Eating: Why We Eat More Than We Think. Bantam Books.

5. Wansink, B. (2004). "Environmental Factors That Increase the Food Intake and Consumption Volume of Unknowing Consumers." Annual Review of Nutrition 24(1), 455-479.

6. Levinson, M. (2006). "The Box That Changed the

World." Harvard Business Review 84(3), 62-77.

7. Hanauer, J. (2001). Civic Culture and Urban Change: Governing Dallas. University Press of Kansas. https://www.nytimes.com/2015/07/17/opinion/the-art-of-changing-a-city.html.

8. Festinger, L., Schachter, S., and Back, K. (1950). Social Pressures in Informal Groups: A Study of Human Factors in Housing. Harper.

9. Allen, T. J. (1977). "Managing the Flow of Technology: Technology Transfer and the Dissemination of Technological Information within the R&D Organization." Administrative Science Quarterly 22(2), 242-263.

10. Makary, M. A., and Daniel, M. (2016). "Medical Error—the Third Leading Cause of Death in the US." BMJ Quality & Safety 25(10), 726-732.

11. Underhill, P. (1999). Why We Buy: The Science of Shopping. Simon & Schuster.

12. Maxfield, D. G., Grenny, J., McMillan, R., Patterson, K., and Switzler, A. (2005). "Silence Kills: Seven Crucial Conversations in

Healthcare." Patient Safety Network. https://psnet.ahrq.gov/issue/silence-kills-seven-crucial-conversations-healthcare.

13. Gawande, A. The Checklist Manifesto, 2008 年一项针对八家医院外科患者的研究显示, 在那些使用了自我介绍这一手术流程的医院中, 患者中出现严重并发症的减少了 36%, 死亡人数减少了 47%。

14. Haynes A. B., Weiser T. G., Lipsitz S. R., et al. (2009). "A Surgical Safety Checklist to Reduce Morbidity and Mortality in a Global Population." N Engl J Med. 360(5): 491-499. https://www.hsph.harvard.edu/news/features/ellner-surgical-safety-checklist-and-training-lowers-complications/.

15. Goldin, C., and Rouse, C. (2000). "Orchestrating Impartiality: The Impact of 'Blind' Auditions on Female Musicians." American Economic Review 90(4), 715-741. https://gap.hks.harvard.edu/orchestrating-impartiality-impact-%E2%80%9Cblind%E2%80%9D-auditions-female-musicians.